Rudolf Steiner

シュタイナー式

優律思美《ユーリズミー》な暮らし

Eurythmical Life

華徳福《ワルドルフ》ライフへの手引き

西川隆範 著

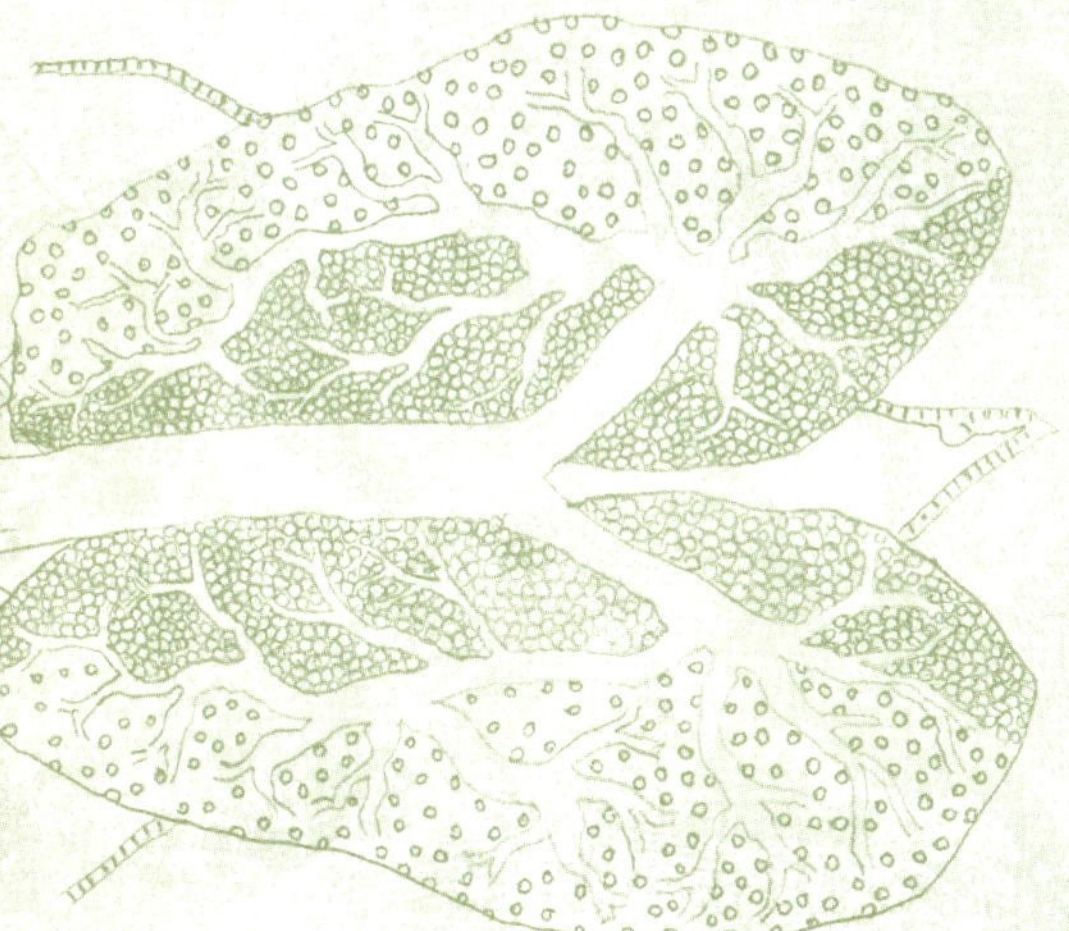

風濤社

シュタイナー式優律思美《ユーリズミー》な暮らし――◇目次

挿絵
梅谷正恵　目次、49頁、50頁
春舟　4頁、12頁、78頁、155頁、160頁

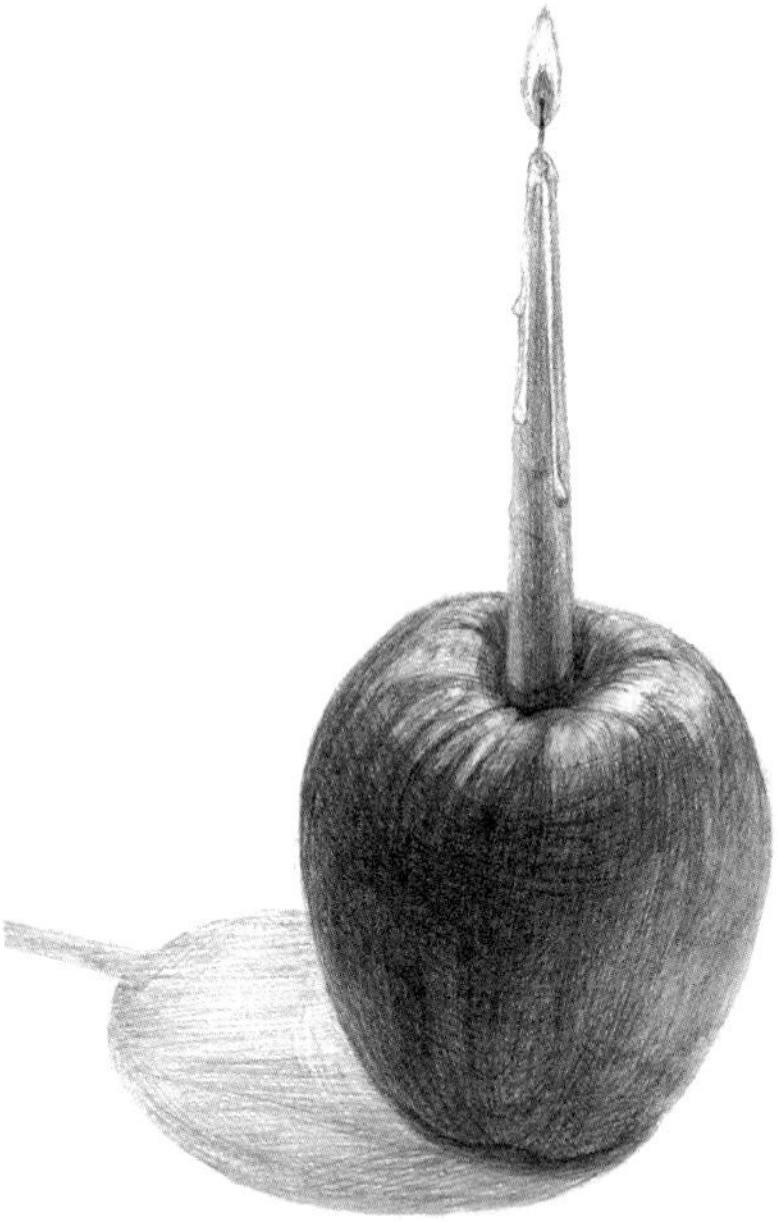

はしがき

優律思美《ユーリズミー》（優律詩美）Eurythmie というのは「好ましいリズム」「美しいリズム」という意味だ。良いリズムで日々を過ごす。それが心身にとって有益なことだ。

もともとはシュタイナーが始めた一種の踊りの名称だが、生活全体が優律思美なものであるのはいいことだろう。

華徳福《ワルドルフ》 Waldorf というのは、シュタイナーの教育方法のことだ。華・徳・福のある人生へのメソッドがあると言ってもいい、と僕は思っている。

ルドルフ・シュタイナーは1861年、ハンガリーで生まれた。両親はオーストリア人である（もちろん、彼もオーストリア人）。ウィーンで学び、ワイマールで文書館の仕事、ベルリンで雑誌の仕事をしていた。40歳のころ、神智学 Theosophy の運動に加わり、やがて独自の精神科学＝人智学 Anthroposophie を構築した。亡くなったのは1925年、ドルナッハ（スイス）においてである。

＊

心豊かに暮らすための方法は、多くの人々が模索してきた。

この社会で成功するためには、ガネーシャの教え（水野敬也『夢をかなえるゾウ』）や勝間和代さんの教えや中谷彰宏さんの教えなどを実行しているといいのだと思う。

優律思美な暮らしの場合、心身の好調とともに、魂の充実が大事である。魂（自分）が精神的に深まることによって、心（思い）は安定し、その結果、体も順調になる可能性がある。晩年には、揺るぎない心で死に向き合えるようになるはずだ。

「人間は、自分がやりたいと思うことがあって生まれてきたのだ」

と、シュタイナーは言う。

日々のやりくりに追われて、本当にやりたいと思ってきたものをあきらめたり、忘れてしまったりして、生きる意味が分からなくなっている人もいらっしゃるだろう。

なぜ生きているのか、なんのために生きているのかが明らかになれば、生きていく意欲が湧いてくる。

天からたずさえてきた目標、持って生まれた目的をしっかりと把握していれば、生活に迷いはない。迷いがなければ、努力はやりがいのあるものになるから、苦にならないだろう。

自分の本来の目的を確認するには、内なる自己との対話が大切だ。

また、いままでの自分の人生を振り返って、どのような傾向・特徴があったかを明らかにしていくと、自己認識とともに、自分の人生の本来の方向が見えてくるはずだ。歩みは紆余曲折していただろうが、回り道をしながらも本来の方向に沿って進んでいたことが多いと思う。

もうひとつ、はじめに伝えておきたいのは、みんな自分が思っている以上に人から大切に思われている、ということだ。本当に、だれもが自分の想像以上に人々から愛されている。

＊

近代西洋は知的・理知的にものごとを切り開いていった。東洋・アジアは、脳よりもハートの知恵を紡ぎ出してきた。力を抜きながら、一段深いところに突き進む知恵である。

神道には清明な生命が浸透している。鈴木大拙は、白木造りの家、白い砂利、清らかな小川、朝日の射す森の木立、「いわば元旦の朝の気分」というイメージで神道を表象し、「さっぱりとしている」「すがすがしさはえも言われぬ」と書いている（『日本的霊性』）。

日本人の情緒・情感には浄土教が染み込んでいる。叡智的な認識としては、禅と密教が大きな働きをしていると思う。

昔、人名録を作っている会社から座右の銘を聞かれて、「放てば満てり」にしようか「ヒューマニズムのための学問」にしようかと迷って、そのときは神話学者カール・ケレーニイの立場「ヒューマニズムのための学問」にした（そのころは、いまのようにエコロジーの立場から人間中心主義を反省するという発想が強くはなかった）。

僕がもう一つ、仕事のモットーにしてきたのは、「人々が人生の意味を見出す助けをする」（ヴィクトール・フランクル）である。

「放てば手に満てり」は道元の言葉だ。

「身心脱落」して宋から「空手《くうしゅ》にして郷に還る」道元は、やがて「弘通《ぐづう》のこころを放《ほう》下《げ》」して「雲遊萍寄《うんゆうひょうき》」する。「深草の閑居、夜雨の声」「朝々日は東に出で、夜々月は西に沈む。雲収まって山骨露われ、雨過ぎて四山低し」という暮らしだ。

そんな時期に、彼は「一刀両断」ならぬ「一刀一断」や、「百尺竿頭《かんとう》上猶進《なおすすむ》一歩」（百尺の竿頭に上て手足を放て一歩進め）について説法している。

禅の精神は茶道にも生きている。

茶道は「不完全さを崇拝するものである」と言う岡倉覚三（天心）は、「茶を一服すすろう。午後の光は竹林を照らし、泉水はうれしげに泡立ち、松籟《しょうらい》はわれらの茶釜に聞こえている。はかないことを夢みて、ものごとのビューティフル・フーリッシュネスの思いに耽ろう」（『茶の本』）

と書いている。優雅なひとときではないだろうか。

浄土教の感覚で生きていると、「誰が何をどう作ろうと、そのまま皆美しくなってしまう」（柳宗悦『南無阿弥陀仏』）という不思議が生まれる。

密教的人間なら、どうだろうか。「川のこちら岸に立った瞬間、彼はもう向こう岸にいる男である」（ひろさちや『空海入門』）。難破の危険の多い船内で、「わが旅たるや、わが存在がすでに仏天の感応するところである以上、自分をここで水没させることはないであろう。この船は、そういう自分を乗せているがために、たとえ破船になりはてようとも唐土の岸に着く。このこと、まぎれもない」（司馬遼太郎『空海の風景』）という確信がある。

僕が子どものころから親しんでいる吉田兼好『徒然草』には、こう書いてある。

「人はおのれをつづまやかにし、おごりを退けて財をもたず、世をむさぼらざらむぞいみじかるべき。……名利につかはれて、しづかなるいとまなく、一生を苦むるこそおろかなれ」

＊

シュタイナーの人智学はプラトン哲学とアリストテレス科学を源流とし、薔薇十字《ローゼンクロイツ》運動と共同しようとしている。

人智学は認識に努め、薔薇十字思想は実践に赴く。

薔薇十字団の規則の第一は「滞在する国の習慣に従うこと」、第二は「特別の服を着ないこと」であった。人智学を舶来の特殊な用語で語るのではなく、ふつうの日本語で日本の素材を用いて語るのが薔薇十字的といえる。

日々をどう過ごし、一生をどう生きるか、人智学を生かした暮らしについて僕がふだん考えていることをこれから書いていくのだが、日本の風習・文化に大いに敬意を払うつもりだ。

シュタイナー精神科学をとおして東洋の叡智を再発見するのは楽しい作業である。同時に、東方の知恵によって人智学を豊かにするのも精神史的に意味ある仕事である。みなさまに役立つ本として楽しんでいただければ嬉しい。

Eurythmical Life

第1章

日々の暮らし・四季の暮らし

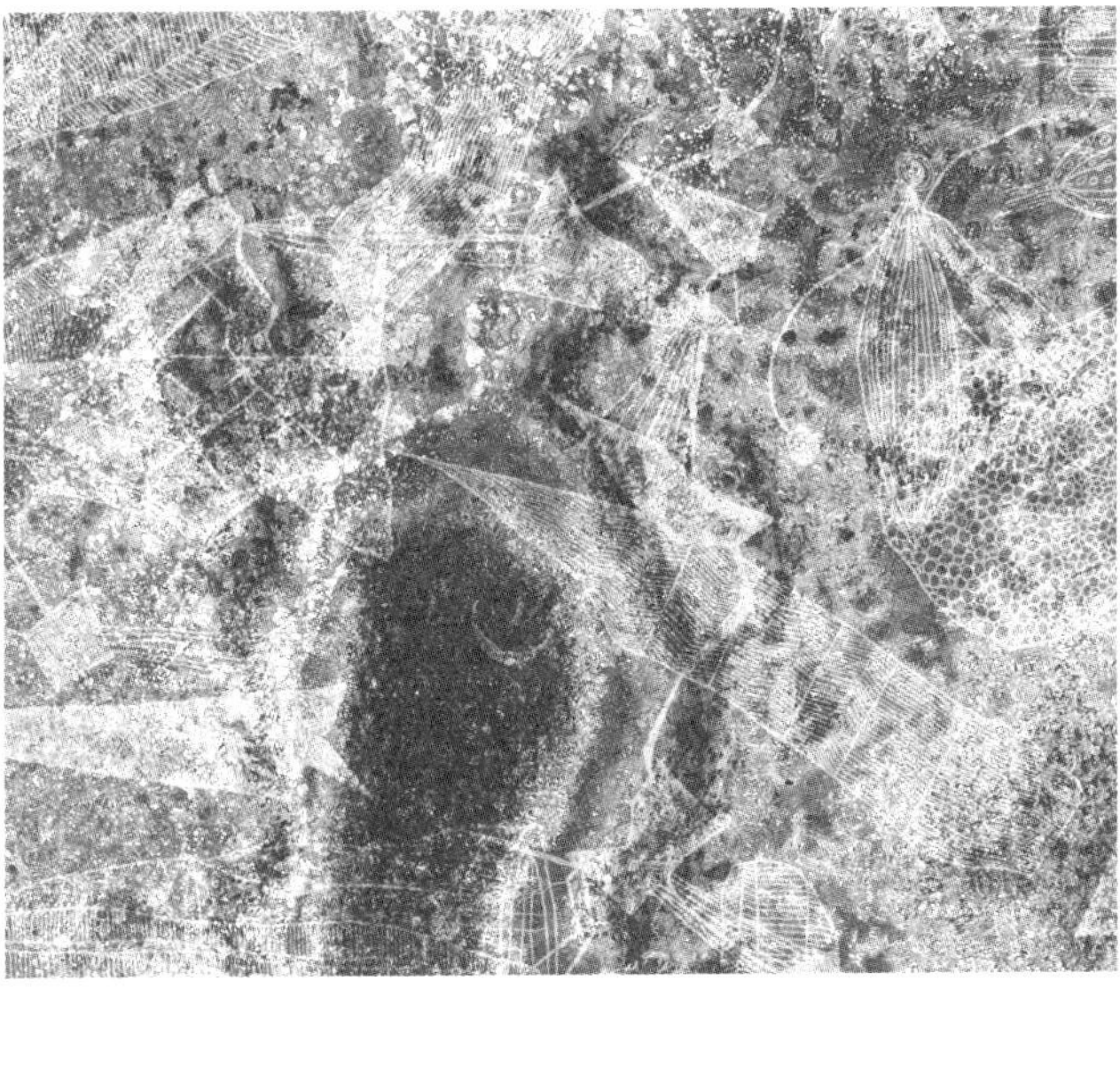

朝昼晩と一週間

「一日は午後六時に始まる」

と、シュタイナーは言っている。

イスラム教でもユダヤ教でもヒンドゥー教でも、一日は夕刻始まりだ。ユダヤ教の安息日は金曜日の日没から土曜日の日没まで、イスラム教の安息日は木曜の日没から金曜の日没までである。

いまは午前0時に日付が変わるが、ふつうは夜明けとともに一日が始まるという感じがすると思う。

日没後というのは、一日を終えて休息する時間のような感じがする人が多いのではないだろうか。

もちろん、夜間に電車やバスやタクシーを運転なさっている方々、夜食を食べにくる人たちに給仕なさっている方々、病院などの夜勤の方たち、夜間の工事に従事なさっている方たちなど、気合いを入れて働いていらっしゃる人もたくさんおられる。

それでも、朝に思考、午後に意志的な行為、夜は情緒的な時を過ごすというのが、自然に適った流れだと思う。静かでゆったりした気分で朝が始まり、日中の活動のあと、穏やかでゆっくりした夜を過ごせると、気持ちがいいのではないだろうか。

日本では、地は日没、天は午前0時、人は日の出のときに1日を始める、と考えていたそうだ。

祭りは本来、夜にするものである。いまも、たとえばクリスマスの日よりも、クリスマス・イヴのほうが神聖な感じがするのではないだろうか。前夜祭こそ神秘的な意味を持っているのである。

――人間が活動する日中は、神々は休んでいる。

と考えて、夜に神事を行なっているのだ。

日中に行なわれるのは「あとの祭り」である。

シュタイナーは、人間が眠りにつくと、その人の心と魂は宇宙に拡がり、神々の心魂が人体に入ってくる、と言う。その体験に備えて、日没のころから気持ちの準備をしておくのだ。

人間が目覚めると、夜間は宇宙に広がっていたその人自身の心と魂が身体に戻ってきて、神々の心魂は出ていく。

僕は朝起きるとき、翻訳すると硬い感じになるが、

「神霊のきらめく、波打つ海の、光り輝く形象たちよ、

あなた方から魂は離れる。

神性のなかに魂は滞在し、

神性のなかに魂の本質はやすらいだ。

存在の覆いの領域に、私の個我は意識的に歩み入る」

という、シュタイナー作成の言葉を思うようにしている。

夜寝るときは、一日の出来事を数分で、逆の順序で振り返ってみる。

なぜ逆の順序かというと、眠りの世界では時間が地上とは逆に流れているからだ。

夢を例にあげると、よく分かる。鐘の音がして目が覚めたとする。鐘の音を聞いたことがきっかけになって夢が紡がれるのだが、夢のなかでは、いろんな出来事が起こって、最後に鐘の音がして目が覚める。鐘の音で終わるストーリーが、鐘の音を聞いてから起きるまでの一瞬のあいだに作られるのだ。もっと正確に言うと、結末から発端へと向かって展開した夢を、目覚めたときに、発端から結末へと進むストーリーに転換しているのである。

夢の世界の流れに沿っていけるよう、一日の出来事を時間を逆転させて思い返して、眠るのだ。

日没時か午後6時に、思いの清まるような詩や祈りを唱えると、

――さあ、これから大事な時間が始まる。大切に過ごそう。

という気分になると思う。

＊

何時に寝て何時に起きるのが健康にいいのだろうか。

児童に関してなら、欧米の医師・教育者の意見は一致している。

「午後7時ごろが就寝に適した時刻です」（H・ツンプフェ）

「夜7時には寝かせられるように、夕食も5時すぎに済ませ、徐々に活動のレベルを静かに落としていきます」（I・シュナイダー）

「夕食を5時までに済ませ、6時頃までに子どもの活動を静めていくことができた日には、7時半にお話を読むとすぐに眠りにつくことがほとんどです」（S・R・ジョンソン）

では、大人はどうしたらいいかというと、午後9時～10時に寝て午前5時～6時に起きる、ということだ。

たしかに、そういう時間割で暮らしている人を、僕は何人も知っている。午後8時に寝る大人たちも知っているし、午前4時から仕事をする学者たちも知っている。

僕は週に何度か夜間の講義があって、かなり郊外の家に帰ると深夜になるので、いまはこの時間割でやれていない。

夕食後2～3時間以上経ってから寝るのが健康にいいのだから、まず夕食の時間を決めるといい。日没後は「夜食」だ。夜食はよくない、と大勢の人が言っている。「十歳ぐらいまでの子供は、五時には夕飯を終えることが必要です」（成田和子）。大人も日のあるうちに夕食をとるのは気分のよいものだ。夜食をとる生活なら、シエスタが必要になるのではないだろうか。

20代のころ、スイスやドイツで午後4時に知人宅によばれたことがある。一切れのパンと飲みもの。

――これはおやつなのだな。

と思った。

――いや、夕食なのだ。

と気づいたのは、あとになってからである。3時のおやつではなく、4時に軽食をとって、それで終わりという食生活も可能なわけだ。

＊

カレンダーや手帳は、いまは日曜始まりのものが多い。昔は、月曜始まりのものが多かった。

月曜から土曜まで働いて、週末を休んでいた。聖書のエロヒム（「神」の複数形）も、6日働いて、7日目に休んだ。

日曜を仕事のあとの休息の日と考えるか、日曜を週の始めと考えるかで、だいぶ気分がちがうと思う。

どんなことも、始まりのときに新鮮な気分がするはずだ。

——きょうから一週間が始まる。

と思うと、しっかりやっていこうという気持ちになる。

月曜が週の始めなら、仕事をがんばって、その疲れを週末に癒す、ということになるのではないだろうか。

日曜始まりなら、

——きょうは週の第1日目なのだから、改まった気持ちで過ごそう。と思えてくる。日曜日に大事なことをする気になる。

もちろん、はじめに書いたように、ユダヤ教では土曜（金曜の日没から）が安息日だし、イスラム教では金曜（木曜の日没から）が安息日だ。日曜が特別という感じではないだろう。

イエスは「わたしの父は今もなお働いておられる。だから、わたしも働くのだ」（「ヨハネ福音書」5章）と言って、安息日にも人々の病気を癒したと伝えられている。やがて、キリスト教では週の最初の日、日曜が安息日になり、日曜に教会に行くようになった。

僕がヨーロッパで勉強していたころ、そしてヨーロッパで仕事をしていたころは、日曜は休みの店がほとんどだった（電車やバスは動いているし、ホテルもやっているが……）。

アメリカに行って驚いたのは、日曜に店が開いていることだった。

＊

シュタイナーは、一週の始まりを土曜日にしている。

一日が日没から始まるのだから、正確には金曜の日没時から一週が始まるわけだ。

土曜から始めるのは、シュタイナー独特の宇宙論に基づいている。

いまの科学とは大きく異なる見解で、シュタイナー思想のなかで最も神話的・証明不可能的な部分で申し訳ないが、まず太陽系宇宙の「土星時代」に人間は広大な昏睡意識を体験しており、「太陽時代」には睡眠意識で生きていた、とシュタイナーは言っている。「月時代」には夢像意識を有し、「火星時代」に現在の地上的意識にいたったという。そして、「水星時代」「木星時代」「金星時代」へと、意識は明瞭かつ広大なものに発展していくという宇宙観を彼は持っていた。

この経過が一週に反映している、とシュタイナーは考えたのである。

いまの太陽系の星々について、

「土星は過去を記憶する星、太陽は生命的な星、月は宇宙を映す星、火星は多弁な星、水星は推論する星、木星は思索する星、金星は詩作する星」

と、彼は言っている。

「土星は樅《もみ》、太陽は梣《とねりこ》、月は桜、火星は柏、水星は楡、木星は楓、金星は白樺に作用している」

とも言っている。

土曜はトウモロコシ（または蕎麦）、日曜は小麦、月曜は米、火曜は大麦、水曜は黍、木曜はライ麦、金曜は燕麦を食べるというふうにしている、ヨーロッパのシュタイナー学派の人々がいる（アメリカ等では火曜と金曜を逆にしている人々がいるが、根拠不明だそうだ）。

「土星は脾臓、太陽は心臓、月は脳、火星は胆嚢、水星は肺、木星は肝臓、金星は腎臓に関連している」

と、昔から言われてきた。

「土星は色で言うなら緑、音階で言うならソ、太陽は橙色でラ、月は紫色でシ、火星は赤でド、水星は黄色でレ、木星は青でミ、金星は藍色でファ」

と、シュタイナーは言う。

土星の光が凝固すると鉛、太陽は金、月は銀、火星は鉄、水星は水銀、木星は錫《すず》、金星は銅、と言われている。

曜日によって一日のニュアンス・気分を意識的に変えてみるのは楽しいことだ、と思う。

春夏秋冬の楽しみ

人間は自然のなかで生きている。近代には、人間が自然を征服して文明を築くという考え方もあったが、現代では、自然とともに生きていこうとされている。

占星術では、1ヵ月ごとに黄道十二宮の一つの星座が地上に影響する、と考えている。

1ヵ月と言っても、朔日から月末ではない。だいたい、前月の21日から当月の20日までである。

シュタイナーは、神智学による各月の心がけを話している。

3月21日〜4月20日　畏敬
4月21日〜5月20日　均衡
5月21日〜6月20日　根気

6月21日〜7月20日　無私
7月21日〜8月20日　同情
8月21日〜9月20日　礼儀
9月21日〜10月20日　満足
10月21日〜11月20日　忍耐
11月21日〜12月20日　思考の統御
12月21日〜1月20日　勇気
1月21日〜2月20日　慎重
2月21日〜3月20日　寛大

＊

イスラム教は太陰暦、ユダヤ教は太陰太陽暦だ。太陰太陽暦というのは、太陰暦に8年に3回（あるいは19年に7回）の閏月を入れたものだ。明治まで、日本の暦も太陰太陽暦だった。

明治以降、日本は太陽暦（グレゴリウス暦）を使っていて、400年に97回閏年がある。グレゴリウス暦は、4年ごとに閏年にするユリウス暦を改良したものだ。

「地球は心魂的・星気的な呼吸をしており、息を吐き出しているのが春夏、息を吸い込んでいるのが秋冬だ」

と、シュタイナーは言う。

地球は春夏に眠り、秋冬に目覚めるというのだ。眠っているときに、自然は繁る（地球全体が眠るのではなく、北半球が眠っているとき、南半球は目覚めている）。

キリスト教には、4つの祭がある。

春分のあとの満月後の復活祭は、ギリシアのアドニス神や小アジアのアッティス神の死と復活が春分のころに祝われたのを受け継いでいる。自然も春に、冬の枯死状態からよみがえる感じがすると思う。

ヨハネ祭（洗礼者ヨハネの誕生日）は夏至のころだ。古代ヨーロッパでは、夏至の前夜に火を焚いて、太陽に力を与えようとした。この夜には川や泉が治癒力を発揮するという。

秋分のころはミカエル祭。涼しくなって頭も気分もすっきりするのが、大天使ミカエルに似合っている。もともとは農家の収穫祭だった。

ペルシア起源のミトラス教の祭日、古代ローマにおける太陽の誕生日＝冬至がクリスマスになった。

シュタイナーは、大昔には人間の生殖は季節に関連していて、全員12月25日に生まれていた、と言っている（シュタイナー学派の人々は、「マタイ福音書」ではイエスは1月4日、「ルカ福音書」では12月25日に生まれている、と推測している）。

クリスマス・ツリーは、古代ゲルマン文化圏で冬至〜新年に常緑樹を飾る習慣があったのが、近世になってキリスト教に取り入れられたものだ。薔薇や林檎をツリーに33個付けたりする。シュタイナーは、古代・中世でいう七惑星の印と、五芒星・エジプト十字・タロット印・三角・四角、そして左右にアルファとオメガを付けるように、と話している。

クリスマス前の4週間が待降節《たいこうせつ》。樅のリースに4本のローソクを立てて、日曜ごとにローソクに火を灯す。青い紙で五角形十二面体を作り（上の面は抜いて）、中にローソクを灯し、話をして過ごすこともある。キリストを信仰しているなら、聖夜は世間の喧噪から離れて、自分の心のなかに神が誕生するのを体験するような気持ちで過ごしたいものだ。

子どもたちが蜜蠟ローソクを付けたリンゴを手に持ち、樅の枝で作った渦巻き形の道を通って、中央のローソクから火をもらってくるのは、シュタイナー幼稚園などでよく行なわれていて、古代の奥深い森での秘儀のような印象を受ける。

＊

人間は季節のなかで生きている。四季の自然とともに暮らすと順調だ。

東洋の天文学では、黄道を28に区分して「二十八宿」を設けた。

そして、黄経を24等分して、15度ずつの節目を設けたのが「二十四節気」である。

黄経5度ずつに分けて季節の変化を示したのが「七十二候」だ。

日本列島は南北に長く、桜の開花時期や梅雨明けなど、場所によって季節の進み具合が異なるので、これから述べることも地域によってずれがあると思う。

また、沖縄には琉球文化が似合い、カムイの大地・北海道にはアイヌ文化が似合う。日本の行事を持ち込んでも風土にそぐわない感がある。

一年は立春から始まる。

立春のあと、「はる風こおりをとく」「うぐいすなく」「うお氷をいずる」を経て、雪が雨に変わる雨水。「土の脉《しょう》うるおい起こる」「霞はじめてたなびく」「草木めばえいずる」を経て、虫が活動しはじめる啓蟄。それから「すごもり虫戸をひらく」「桃はじめてさく」「菜むし蝶となる」を経て、春分だ。

春分は彼岸の中日で、春分の前後7日のあいだに墓参りに行く。そして「雀はじめて巣くう」「桜はじめて開く」「雷すなわち声を発す」を経て、気持ちのよい清明。「つばめきたる」「雁北にゆく」「虹はじめてあらわる」を経て、雨が穀物をうるおす穀雨。それから「葭《あし》はじめて生ず」「霜やみ苗いずる」「牡丹華さく」と、季節は進む。

立夏のあと、「蛙はじめて鳴く」「蚯蚓《みみず》いずる」「竹のこ生ず」を経て、草木が茂る小満。「蚕おきて桑をはむ」「紅花さく」「麦のとき至る」を経て、芒のある穀物の種をまく芒種。「蟷螂《かまきり》生ず」「腐草蛍となる」「梅のみ黄ばむ」のあいだに、黄経80度の入梅がある（梅の実が熟し、黴が生えるころなので、梅雨・黴雨と言う。旧暦で言えば五月雨で、梅雨の晴れ間が五月晴だ）。

そして、夏至になる。それから「かこそう枯る」「菖蒲はなさく」「半夏生」を経て、梅雨明けが近い小暑。そして、「あつかぜ至る」「蓮はじめて開く」「鷹すなわちわざをなす」を経て大暑だ。立秋前の18日間が夏の土用＝暑中である。

立秋のあと、「すずかぜ至る」「ひぐらし鳴く」「ふかき霧まとう」を経て、処暑に暑さが止む。「綿のはなしべを開く」「天地はじめてさむし」「いねすなわちみのる」を経て、野草に露がやどる白露から秋気が加わる。それから、「草の露しろし」「鶺鴒《せきれい》なく」「つばめ去る」を経て秋分だ。

秋分の前後7日間は秋彼岸で、秋分の日は国民の祝日に関する法律で「祖先を敬い、亡くなった人を偲ぶ日」とされている。それから、「雷すなわち声を収む」「虫かくれて戸をふさぐ」「水はじめて涸る」を経て、肌寒くなる寒露。「かり来たる」「菊の花開く」「こおろぎ戸にあり」を経て、露が霜に変わる霜降である。

それから「霜はじめて降る」「こさめときどきふる」「もみじ蔦《つた》きばむ」を経て立冬だ。そして、「さざんか始めて開く」「地はじめて凍る」「きんせんか咲く」を経て、冷え込む小雪。「虹かくれて見えず」「きたかぜ葉を払う」「橘はじめて黄ばむ」を経て大雪。「そらさむく冬となる」「熊の穴にこもる」「さけ群がる」を経て冬至である。

冬至には南瓜を食べたり、小豆粥を食べたり、柚子湯に入って、疫鬼を祓う。冬至のころの夜、神の子（大子）が各地を巡って、人々に幸いと新たな命を与えるという。ついで、「かこそう生ず」「さわしかの角おつる」「雪のした麦いずる」を経て、寒さ厳しい小寒が寒の入りだ。それから「芹すなわちさく」「しみずあたたかをふくむ」「雉はじめて鳴く」を経て大寒。そして「冬の華さく」「さわ水こおりつめる」「にわとり始めてとやにつく」を経て立春である。

＊

旧暦1月7日は七草だ。春の七草（せり・なずな・ごぎょう・はこべ・ほとけのざ・すずな・すずしろ）を入れた粥を食べて、健康を願ってきた。

旧暦3月3日は桃の節句で、終日、山遊び・磯遊びをし、流し雛で厄を祓った。

旧暦5月5日の端午の節句は高温多湿の時期なので、菖蒲・蓬を軒に吊るして邪気を祓う。「菖蒲」が「尚武《しょうぶ》」に通じるので武者人形を飾るようになった。新暦5月5日の子どもの日は「こどもの人格を重んじ、こどもの幸福をはかるとともに、母に感謝する日」と、法律で定められている。

旧暦7月7日は七夕。文運を司る魁《かい》（北斗七星の第一星）の誕生日である。鵲の橋を渡って織姫と彦星が会う日だ。七本の針に糸を通したり、五色の短冊に和歌を書いて竹の葉に飾ったりする。

旧暦9月9日は菊の節句。陽の極み＝9が重なるので、重陽である。菊は霊薬だ。旧暦5月5日に付けた薬玉に代えて、菊と茱萸《しゅゆ》を柱に付け、邪気を祓う。前夜に菊に綿をかぶせ、9日の朝、その綿で体を拭くと、老いが去るそうだ。

＊

春は命の「張る」季節だ。春の花が飛び散るときに疫病神が分散するというので、旧暦3月末は鎮花祭である。

旧暦4月1日（明治から新暦6月1日）は衣がえである。

旧暦7月13〜15日は盂蘭盆。七夕は「棚機《たなばた》」であり、七日盆と言われるように、精霊棚を作って、先祖を迎える準備を始める。

秋は「飽きる」ほど収穫があり、空が「明らか」だ。

旧暦8月15日は仲秋の名月、十五夜の芋名月《いもめいげつ》である。いまでは月見団子と薄だが、本来は神の依代となるものに里芋を供えた。中国では太陰星君・月光馬児《ユエクワンマーアル》を祭って月餅を食べ、子どもは兎児爺《トゥアルイエ》で遊ぶ。

「片月見はするものではない」ので、旧暦9月13日は十三夜（豆名月《まめめいげつ》・栗名月《くりめいげつ》）である。この夜の天気によって、来年が豊作かどうか占った。

冬は魂が「増ゆ」ときだ。

旧暦10月1日（いまは新暦10月1日）は衣替え。

旧暦12月13日から正月の準備を始める。中国文化圏では、正月は先祖の霊と交流する日だ。日本でも、門松・注連縄《しめなわ》で神祭の場を作る。年棚を作って年神（歳徳神《としとくじん》）を迎える。

春分の前日が節分。炒り豆をまき、柊に鰯の頭をさして玄関に掲げて、邪気を払った。

衣食住について

竪穴式住居から寝殿造り、そして書院造り、数寄屋へと日本建築は変化していった。いまも残っているどっしりとした農家・民家が僕は好きだし、洋館もきれいだ。

家は、雨風から身体を守れることが第一ではある。しかし、それだけではなく、心魂を包む空間という側面もある。

衣服も寒さから身を守るのが第一ではあるが、

「衣装は自分のオーラを表わすものだ」

と、シュタイナーは言う。また、

「人間は建物の形から受ける印象にしたがって、思想を形成していく」

とも、彼は言う。

どんな形の家に住んでいるかによって、気分や考えが変わってくるというわけだ。

たしかに、くつろげる家と、あまり中にいたくない家があるものだ。居心地のよい家に越したことはない。

西洋でも、バシリカ様式かロマネスクかゴシックかバロックかロココ様式かで、感じがずいぶん異なる。

家には妻入りと平入りがある。民家だけでなく、伊勢神宮は平入り、出雲大社は妻入りだ。伊勢神宮は神明造、出雲大社は大社造である。その他、神社には流れ造、住吉造、春日造、日吉造、八幡造、権現造、浅間造、祇園造などがあって、興味深い。

寺院建築にも和様、大仏様、禅宗様などがあるが、それ以上に、伽藍（門・金堂・塔など）の配置が興味深い。法隆寺、四天王寺、薬師寺など、金堂に対して塔をどこに配置するかが異なっていて、思索に誘われる。

庭も凝りだすと、きりがないと思う。盤座・神池・神島から始まって、船遊式・浄土式・回遊式・枯山水へと日本庭園は展開していった。石組をどうするか、植栽・景物はどうするかなど、楽しみが多い。

＊

和辻哲郎『風土』は、アジアはモンスーン域で、その湿潤によって人間は「受容的・忍従的」になるという。アジアでは、砂漠地帯における神への絶対的服従とは異なって、人々は「神々と睦まじい」。

そして、アジアのなかでも日本は特殊で、「日本の人間の受容性は調子の早い移り変わりを要求する。……活発敏感であるがゆえに疲れやすく持久力を持たない。しかもその疲労は無刺激的な休養によって癒されるのではなくして、新しい刺激・気分の転換等の感情の変化によって癒される」。「感情の昂揚を非常に尚びながらも執拗を忌む」、「あきらめでありつつも反抗において変化を通じて気短に辛抱する忍従」が日本的な気質であり、「自暴自棄」が日本の特殊な現象だというのである。「忍従に含まれた反抗はしばしば台風的なる猛烈さをもって突発的に燃え上がるが、しかしこの感情の嵐のあとには突如として静寂なあきらめが現われる」。

だれもが知っているように、生態系全体を考慮せずに、人間の都合で自然を開発して、思わぬ不具合が生じたケースが多々ある。

近年の日本では、奥山には手をつけないという決まりが守られず、奥山の伐採・植林が行なわれた結果、地下水の減少が進んでいる（奥山の広葉樹は根が豊かに広がっていて水を保つのだが、植林された杉・檜は根が下に伸びて水を保てない）。世界でも珍しく水が豊かできれいな日本だが、近年は河川が枯れる方向に進んでいる。

＊

バイオ食品・遺伝子組み換え食品など、

――なんか変。

という感じがするものは、どこかに問題がある。変な感じがするものは、自分の感覚を信用して、避けたほうが無難だ。

環境汚染の影響で、やがて魚や肉は食べられなくなるのではないか、と僕は思う。農薬の問題があるが、必然的に菜食に移行していくのではないか、と思う。

「食欲のないときに食べてはいけない。夕食は軽めにしよう。よく噛むこと。簡素なものをよく煮よう」

と、レオナルド・ダ・ヴィンチは手帳に書いている。

私たちには、陰陽五行の食の理論が参考になると思う。短期でできる膨らんだもの、甘いもの、白っぽいものが陰、時間のかかる締まったもの、黒っぽいものが陽だ。寒いところで採れるものが陽、熱いところで採れるものが陰である。

青春・朱夏・白秋・玄冬というから、春が青、夏が赤、秋が白、冬が黒だ。もう一色、黄色があるが、これは土用に配置される。立春・立夏・立秋・立冬それぞれの前18日間、計72日が土用だ。

五行（木火土金水）の考えでは、肝臓が青、腎臓が黒、心臓が赤、肺が白、脾臓が黄色とされている。だから、肝臓には緑のもの、腎臓には黒いもの、心臓には赤いもの、肺には白いもの、腎臓には黄色い食材が大事ということになる。

だいたい、地元のものを旬のときに食べていれば間違いない。

＊

シュタイナーは、

「人間の食べるものが身体を作るのではない。食料を消化・排泄するときに、人間が周囲のエーテルから取り入れるものが人体を構築するのだ」

と言う。こつが分かれば、微食でも体を維持できるようだ。

シュタイナーはオーソドックスに、まず三大栄養素のことを話している。

蛋白質は、良質の穀物・実から摂取するのが最適だ。幼児が肉・卵・ジャガ芋から蛋白質を過剰に摂取すると、栄養本能が損なわれ、適切なものを適量欲することができなくなる。

脂肪は、葉菜に含まれているものを中心に摂るのが好ましい。

糖分は炭水化物から取る。糖分は、適量摂取していると個性がはっきりした人間になり、不足するとあまり個性を発揮できなくなるので、大切なものだ。しかし、精製された砂糖は嗜癖品になり、子どもの個我の発展を弱める。

蛋白質が少ないと体は消耗し、多すぎると動脈硬化になる（だから、ピタゴラスは豆を避けた)。

脂肪は、心臓と肺にとって大事だ。

炭水化物が不足すると、呼吸がしっかりせず、声がかすれることがある。

植物・穀物の実が腹部に作用し、葉が胸部に作用する。根は頭部に作用する(根に含まれる塩類が前脳に作用する)。

＊

日本では、肉食について、

「自分で捕れるものは食べてよい」

と、言われている。つまり、自分が豚と格闘して勝てるなら豚を食べてもよいし、自分で鮪を釣れるなら食べてよいということだ。自分で捕獲できないものを食べると、体に負担が大きいというのである。

自然界は、人間界・動物界・植物界・鉱物界に分類される。

植物と人間は2段階、動物と人間は1段階の差だ。植物を食べると、それを自分のものにするために人間は2段階分の力を要する。肉食の場合は1段階分だ（肉食人種は腸が短くてすむ）。人間は、力をたくさん使うと強くなり、少ししか使わないでいると弱ってくる。だから、菜食のほうが壮健になる、ということになる。病んで虚弱な状態のときに、人間は肉を食べてきたのだ。

シュタイナーは、

「肉食は人間を戦闘的にし、菜食は広い視野を与える」

と言っている。菜食にしていると精神生活にとって好都合だ、と言っている。植物は太陽の光を受けて育つので、天を志向しているといえるのだ。

肉食の場合は、動物の情動を取り込むことになるという。人間に食べられるために殺される動物の気持ちを思うと……。

「菜食にしつつも、精神を高めようとしない人は、かえって不調和を招く」

と、シュタイナーは言う。精神性を高めるつもりがないのに菜食にしているのは、どこかに無理があるというわけだ。

以前からグルメ記事・グルメ番組が多い。美食が人生の楽しみの大きな部分を占めているかのようだ。

ところが、シュタイナーはこんなことを言っている。

「楽園にいるというのは、精神的存在であって、物質的な食糧を摂取・消化する必要がないということにほかならない。人間は食糧を摂取・消化しなくてはならなくなったことによって罰せられているのだ。……〝楽園から出て物質的な食糧を摂らなくてはならないこと〟が多くの人々にとって最大の楽しみになったために、人間は二重に罰せられている」

「食事＝罰」とは、僕は思いつかなかった。

仏教では、人間は大昔、光の体で空中に暮らしていたという。それが地上の粗雑な食物を食べるようになって肉体ができ、性別が現われて、あらゆる苦悩が発生したとしている。

いまは肉体を持っていて、肉体を維持するには——食べない人々を除いて——食料を必要としているのだから、感謝していただくのが妥当だろう。

＊

シュタイナーは嗜好品についても話している。

コーヒーは論理的思考を刺激する、と彼は言う。コーヒーの力によって、いわば強制的に首尾一貫した思考をさせられる、というのだ。コーヒーによって、思考はしばしば硬直したものになる。

逆に、茶・紅茶は思考を四散させる。空想に遊んだり、浅薄な思考になる可能性がある。論争には向かない飲み物だ。

「シュタイナー系の人は、水しか飲まない人がいらっしゃいますね」

と言われることがある。また、必ずといっていいほど、

「ベジタリアンですか」

と訊かれる。たしかに、シュタイナー派の人々のなかには、菜食で飲みものは水かハーブティーという人が多い（強制されているわけではない）。

問題はアルコールである。

日本酒やビールやワインなどを飲むと、アルコールが血液に浸透して、自我の働きが停止する。酔っていると、自分が考えているようでも、じつはアルコールが考えている。

アルコールは体内でも生産され、腐敗を防ぐ働きをしている。飲酒すると、アルコール過多になって、排泄されるべきものが体内に保存される。

「脳に糞尿が溜まったような感じだ」

と、シュタイナーは言っている。また、

「親の飲酒が子どもに影響する」

と、彼は言う。

女性が飲酒すると、赤血球に問題が生じて、生まれる子どもの内臓に異常が発生することがある。

男性が飲酒していると、白血球に問題が生じて精子が落ち着きをなくし、生まれる子どもの神経に害が現われることがある。

現在は禁煙のところが多い。

ニコチンは血液の流れを速める。呼吸を速めはしない。その結果、血液は十分に酸素を得られず、人間はいくぶん不安になる。そうして、じっくりと考えることができなくなって、判断を早まることになる。

だれもが言うように、食養生の知識と同時に、食事のときの気分が大事だ。たんなる物を食べるのではなく、作物が受け取った日光、神的な光をいただくと思って食べればどうだろうか。

第1章の参考文献

シュタイナー『自然と人間の生活』風濤社
シュタイナー『人体と宇宙のリズム』風濤社
シュタイナー『シュタイナーの美しい生活』風濤社
シュタイナー『色と形と音の瞑想』風濤社

シュタイナー『人智学から見た家庭の医学』風濤社
シュタイナー『身体と心が求める栄養学』風濤社
シュタイナー『人間の四つの気質』風濤社
シュタイナー『健康と食事』イザラ書房

Eurythmical Life

第2章

生涯プラン

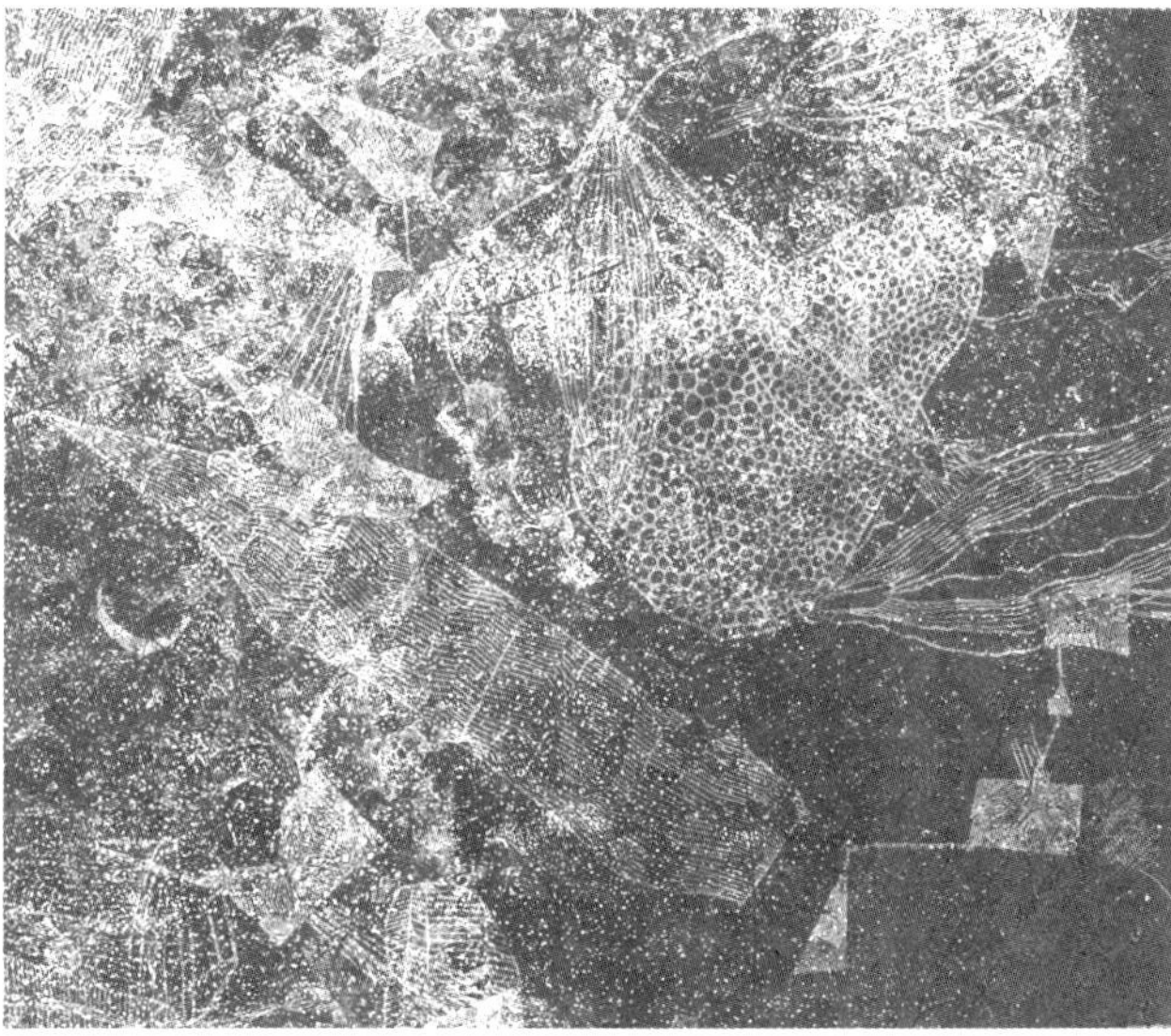

人生の三つの時期

「二十七歳の頃からずっとつけている三年日記を読み返してみると、自分のまわりの人たちにも、それぞれに人生のエポックみたいな時があったということがわかります。だいたい女性で七年周期、男性で八年周期くらいで変化の波がくる」（三枝誠『整体的生活術』）

「生理的、精神的段階、大きな区切りが、女子では七の倍数——七才、十四才、二十一才——男子では八の倍数——八才、十六才、二十四才——となっているのは、自然医学、無双原理世界観から見て、たいへんオモシロイことであります。この七と八の倍数年齢ごとに生理的、精神的変化が現われるのは、その後も一生つづきます」（桜沢如一『食養人生読本』）

整体の人も正食の人も、女子における7年周期、男子における8年周期説を唱えていることになる。これは「中国医学では、女性で七年、男性では八年であると説明されている「一紀」という概念」（石川眞樹夫「第一7年期のこどもの健康」）に通じる。

女の子はおませで、男の子は幼いというのは、ほぼすべての母親が言うことだ。

また、ほぼすべての日本女性が、男は子どもっぽい、と思っている。

シュタイナーは、

「男の子は遅く、女の子は早く」

と言っている。

「エーテル体の形成は、男の子の場合は7歳から16歳までのあいだ、女の子の場合は7歳から14歳までのあいだ」

とも言っている。

それ以後の時期については、

「21歳もしくは23歳まで」

「自分で判断できるのは、22歳から24歳になってから」

などと言っている。

小学校入学の時点で、女の子の言語能力は男の子より1年進んでいるというから、

女子　7歳—14歳—21歳

男子　7～8歳—16歳—23～24歳

という成長リズムを考えることができるのだろう。

もちろん、これは平均であって、個人の特性によってずれが生じる。

＊

シュタイナーは、生命（西洋の古い用語でエーテル体）のリズムについて、

「男性と女性では異なる」

と言っている。どれくらい異なるかは述べていない。

「男女平均で28日だ」

と、言っている。

肉体のリズムについては、

「女性においては〈7日×4×10〉、男性では〈7日×4×12〉で経過」と、述べている。女性が280日、男性が336日だ。

心（思い）のリズムは男女に関係なく7日であり、魂（個我）は日々あらたになる。感情には7日周期の波があり、なにか習慣を身につけるには――習慣はエーテル体に関わるから――最低28日が必要ということになる。

落ち込むようなことがあっても、1週間経てばだいぶ楽になる。

もしも温泉に療養に行くなら、4週間逗留するといい、とシュタイナー派の医者は言っている。3週間では、効果が定着しないそうだ。

いまの日本社会では難しいだろうが、夏休みも4週間、毎年おなじ保養地で過ごすと心身は順調だという。

＊

人生全体を、前半・後半に分けることができる。

中年というのは「40歳前後の頃」（広辞苑）あるいは「40歳前後から50歳代後半あ

たりまで」（大辞林）だそうだ。「初老」というのは「40歳の異称」、「中老」は「50歳位（50歳過ぎ）の人」である。

シュタイナーは、

「人生の半ばは35歳」

と、言っている。30代というのは、いろんなことがある年代だ。

イエスが十字架に架けられた33歳は、日本では女性の厄年であるが、女も男も死ぬような目に遭って復活を遂げることがありうる年齢だ、とシュタイナー学派では見ている。

37歳も女性の厄年であるが、月（ムーン・ノード）が誕生日と同じ位置に来るときだ。そのために女も男も人生の転機を迎える、と言われる。

一生を前期・中期・後期の3つに分けることもできる。学習する時期が前期、経験を積む時期が中期、学びと経験を踏まえてライフワークを完成するのが後期である。

シュタイナー学派では、7年周期で計算して、21歳までが前期、それから42歳までが中期で、それ以後を後期と見ている。

20代はまだ前期のような感じがするかもしれないが、社会で経験を積む時期に入っているのだから、すでに中期ということになっている。40代もまだ中期のようだが、精神的な成就期に入っているから、後期とされる。

＊

人生を前半と後半に分けた場合、

「前半生が後半生に作用する」

と、シュタイナー学派では考えている。人生の半ばは35歳と言ったが、この作用を見るときは、31歳・32歳を折り返し点にしている。

説明が必要だろう。

人間は平均、1日に2万5920回呼吸している。1分間に18回で、1日では2万5920回だ。そこから類推して、

「一生は2万5920日」

と、シュタイナーは話している。約71年である。

「そうしたら、半ばはやっぱり35歳なんじゃないの」

と、おっしゃると思う。

さきほど書いたとおり、誕生から21歳までが学ぶ時期、それから42歳までが経験を積む時期であり、それ以降21年をかけて、つまり63歳までがライフワークの完成期、とシュタイナー学派では考えている。63歳でいちおう仕事は成し遂げられ、あとは悠々自適の暮らしをしようというのである。

そう考えて、63年間の中心になる31歳・32歳を折り返し点にしている。

1歳のころの日々が63歳に作用し、7歳は56歳、14歳は49歳、21歳は42歳、28歳は35歳に影響を及ぼすという対応関係になる。実際に自分が体験する出来事に、そのような関連が見出されるというのだ。

「自分の人生を振り返ると、確かにそのとおりだ」

と、多くの人がおっしゃる。

さらに、2つの視点をシュタイナー学派では付け加えている。42歳までの日々が、21歳を中心にして、7歳が35歳、14歳が28歳というふうに心理面で作用する。

そして、21歳から42歳までの体験が42歳から63歳までの洞察力・認識力を形成していく。42歳を中心にして、28歳が56歳、35歳が49歳というふうに影響する。

男の大厄42歳から、何が自分のライフワークか、考える。49歳から、それを実現する方法を検討する。そして、56歳から実行する（日本では弥勒下生の56億7千万年にあやかって、56歳7ヵ月を弥勒の年齢、新たな出発のときと考えてきた）。

63歳以降は、果たすべき仕事という思いを離れて、自由に好きなことに取り組めばよい。

老年になって、体から魂が去っていくと、「ぼけた」ように見える。魂は、以前のようには脳を使いこなせなくなる。このとき、心の思いのきれいな人、人々に感謝して生きてきた人は皆から好かれる老人になるという。

芸術的・創造的な行為が、頭をしっかり保つ助けになるそうだ。

＊

7年リズムのほか、月のリズム（18年半）が人生に影響を与える、と占星術で言われている。18歳ごろ自分の将来の方針を考え、37歳のときにその方針を変更すべきか検討したくなる。56歳は月リズムの3周目でもある。

さらに、木星リズム（12年）、土星リズム（30年）も人生の節目を形成する。満12歳は数えの13歳だから、旧暦3月13日の十三参り（知恵詣）は叡智の星・木星のリズムに基づいているのではないだろうか。

太陽リズム（33年）は世界の動きに関連する、と言われる。

前期・中期・後期の設計

シュタイナー精神科学では、

「人間は、体・生命・心・魂の4部分からできている」

と言う。生命は体を形成するもの、心は自分の思い、魂は自分そのものだ。

いわゆる障害児は、魂が完全には体に表現されていない。その魂は天につながっていて、地上的な欲に触れずにすんでいる。だから、心・魂がきれいな状態にある。ダウン症の人々は世の中にうるおいをもたらしており、自閉症の人々は社会の現状を告げているのではないだろうか。

誕生した日から約7年をかけて、子どもの生命は体の構築に従事する。親から遺伝された体を、自分の魂の課題を果たすのにふさわしいものへと作り変えている時期だ。

どういうことかと言うと、誕生以前から魂は存在しており、自分が宿りたい体をイメージしている、と華徳福《ワルドルフ》教育では考えている。子どもの魂は、自分が成し遂げようと思うことを行なうのに適した体を得ようとするのだが、両親から提供された体は、自分のイメージにぴったりのものとはいえないそうだ。それで、生命の形成力によって体を自分に適したものに作り変えるのである。

この作業の終了したしるしが、乳歯が抜けて、永久歯が生えてくるという現象である。もしも、この7年間に体の作り変えに重点を置かず、知的な方向に力をまわすと、体は心と魂に完全には合わないままになり、心と魂は自分にぴったりしない体のなかで生きていかなくてはならなくなる。そうすると、心魂と身体とのあいだに無意識的な違和感が生じる。

約7年間で体の基礎を構築した生命は、記憶をたくわえ、イメージを形成するという活動を始める。

いままで心身の区別がはっきりしていなかったが、7歳ごろ、心が独自の思考・感情・意志の力を発揮しはじめる。

7歳から14歳まで呼吸系・循環系が特に発達する。呼吸と血液循環との調和が生まれると、子どもはリズム・音楽を欲する。1分間18回の呼吸のうちに脈拍72、つまり四拍子である（三拍子の音楽を聴くと、地上を離れて宙に舞う心地がする）。おもしろいのは、日本人は五七五七七の和歌も、間をとって四拍子で読むことだ（別宮貞徳『日本語のリズム』）。

生まれてから7歳ごろまで、自然に育った子どもは、

——世界は善いものだ。みんな善い人だ。わたしは愛されている。

と感じている。

7歳から14歳までは、本来なら、

——世界は素晴らしい。なにもかも楽しい、面白い。

と思っている。

14歳を過ぎると、真実なものを求めるようになる。

生まれてから7歳まで、体の動きによって意志が形成される。そして、7歳から14

歳まで感情を育て、14歳から本格的に思考を使うという、おおまかな見通しが立てられる。

もっと細かい区分も可能だ。1歳で歩きはじめ、2歳で話すようになり、3歳で思考の目覚めが現われる。3歳で歩行が一応完成し、5歳でかなりの言語能力ができあがり、7歳で思考の基盤ができる。

旧暦11月15日の七五三は、この節目を意識化するものととらえることもできる(11月15日は徳川綱吉が徳松の祝いをした日だそうで、それまでの七五三は正月か誕生日だったという)。遠くの有名神社ではなく、宮参りと同じく産土神《うぶすな》に詣でる。

子どもが自然に立ち上がるのを待たずに、早くから歩かせようとすると、のちに身体の不調を引き起こす。大人が子ども言葉を使うと、子どもがしっかりした心身にならない。早期知育をすると、神経がのびのびしなくなる。

9歳ごろ、子どもは自分と外界を区別し、12歳ごろ、原因・結果の関係を理解するようになる。

勉強は、自分と対象とが分離して、対象を観察できるようになった時点、つまり9歳・10歳から始めるのがよいはずだ。そして、対象どうしの関係を理解できるようになる12歳から、対象を考察する勉強を始めればよい。

＊

生まれてから7歳までは、心と頭の土台になる体を築くことが最も大事だ。

幼児は全身で周囲の印象に没頭しており、自分と周囲との境界ははっきりしない。だから、環境からとても大きな影響を受ける。周囲の音や物の色・形だけでなく、まわりの大人の行動も子どもに影響する。

幼児は周囲の大人、特に親の仕草・口ぶりを自然に模倣し、吸収している。大人の言動の元には、その言動を引き起こした考え・思いがある。子どもは大人の行為を模倣することによって、大人の思考・感情を自分の内に取り入れる。

1歳・2歳から、同じ言葉を何度も繰り返すことによって、記憶ができていく。そして、毎日おなじ時刻に同じことが行なわれるよう求める。小さいときほど、同じ日程の繰り返しが安心感を与え、意志を強くする。物語も、同じものを繰り返し聞きたいと思う。3歳ごろ、言葉の習得が進み、正しい構造の文を語るようになる。それとともに、思考が目覚めてくる。

記憶がはっきりしてきて、それと同時に、自分を意識するようになる。個我の最初の目覚めが生じるのだ。こうして、第一反抗期が始まる。目覚めゆく思考のなかで個我が出現し、その結果、反抗が現われるわけだ。

ちなみに、幼児はテレビを見ないほうがよい。テレビに親しんでいると、自分が努力しないでも楽しませてくれるものに慣れる。また単純な言語に慣れて、難解な文章が苦手になる。一定時間以上、受動的にテレビを見ていると、暴れたくなる。テレビを見ても害が少ないのは16歳からだという。

*

幼児は親を模倣して育つものだから、真似をする見本なしに、自分で決定するように言われると、意志の方向を定めようがなくなる。子どもが10歳になるくらいまでは、親が決めたものを子どもに与えるほうがよい。親の賢明な選択を十分に学んだ子どもは、のちに自信をもって決断できるようになる。

歯が生え変わると、

——権威者から学び、成長したい。

と願うようになる。

「7歳から14歳のあいだに権威者を見上げることを学ばなかった子どもは、成人してから自由な人間になれない」

と、シュタイナーは言っている。

教師が生徒に仰がれるかどうかは、教師の精神性が深いかどうかによる。もしも、教師が美的・音楽的なものへの喜びを持っておらず、知的な授業をすると、生徒はその教師を尊敬しなくなる。

今日、知識偏重と協調性強要によって、子どもたちの脳は慢性疲労状態にあり、それが不登校や切れる原因になっているという。睡眠中も脳は緊張状態にあって、温度が下がらず、休息できないそうだ。家庭では、思いが勉強から解放された時間が必要である。早目に休養させることだ。無理をさせて頑張らせると、回復に時間がかかることになる。

自然に触れ、芸術に触れることをとおして、知と情と意が釣り合っていることが大事である。

思春期を迎えると、男の子は内に閉じこもって寡黙になる。女の子は、明るく開放的であろうとする。

青年期には理想を持っていることが大切だ。男子には立派な性格の偉人、女子には行ないの美しい人物が理想像としてふさわしいという。

大人が未来に対して悲観的だったり、不安を抱いていると、子どもは安定して育つことが難しくなる。大人が人々に対してあまりに批判的な態度だと、子どもは落ち着きを失う。

＊

人生の中期に、人間は「感じる心」と「理知的な心」と「精神的・意識的な心」を発展させていく。

21歳から28歳に「感じる心」、28歳から35歳に「理知的な心」、35歳から42歳に「精神的・意識的な心」を発展させていく。

「感じる心」は、外界の楽しみを味わったり、悲しみを感受したりする。

「理知的な心」は、外界のものごとについて、自分を計算に入れて、賢明に思考しようとする。たんに外界の楽しみに浸ろうとするのではなく、自分のことを考えて、賢い人になるのだ。好きなものがあっても、自分を大事にして、味わい尽くさずに節制する。

「精神的・意識的な心」は内的なものに価値を置く。外的なことがらよりも、自分の内的な成長に意味を見出す。出世や業績よりも、内面の充実が大事と考える。人から評価されることよりも、自分の内面が納得できるほうを重んじる。

35歳以降は、精神的なものの価値を優先するのが自然なのだ。

30代後半になっても外的なことが関心の中心だったら、40代・50代以後、空虚さを感じる可能性が高い。内面に充実感がなく、人生が空しく感じられる可能性が高い。

＊

中欧では、人間は徒弟時代と遍歴時代を経てマイスターになる、と考えられていた。学生・職人を経て、師匠になるのだ。師匠にふさわしいのは、40代以後である。先に述べたように、40代でライフワークの検討・決定、50代前半でさらに検討して、50代後半・60代で実行。

日本の仏教学者のなかには、80代になって本当のところが見えてきたという人や、90代になって新たな視野が開けてきたという人がいる。後期高齢者になってから、精神的認識はますます深まるというわけだ。

シュタイナーも、

「高齢になるとともに認識の範囲が拡大する」

と述べている。いまはまだよく分からないことが、高齢になると解明される可能性がある。
年を取るのは楽しみなことなのだ。

死とは何か

脳死が「人の死」なのかどうか、という議論があった。

臓器移植の場合、提供される臓器には提供者の生命オーラ（エーテル実質）が染み込んでいる。提供者の性格を帯びた臓器である。また、霊魂は自分の一部が地上に生きつづけているので、その臓器に関心を持ちつづけるはずだ。

シュタイナー精神科学から言えば、「生命が体から去ったとき」が死だ。生命オーラ（生命実質）が体から去ったときだ。

生命に去られた体は崩壊・腐敗していく。

体から離れた生命オーラは、しばらく（3日ほど）生前の形を保持するが、まもなく地球の生命圏（エーテル界）に溶け込んでいく。

その3日ほどのあいだに、死者は生前の日々を映像のように見るという。自分の生涯を外から写した映像のようなもので、内面の思いは映し出されない。

内面は、その後の数十年（寿命の約3分の1の年月。正確に言うと、一生のあいだで睡眠に費やした時間）をかけて体験していくことになる。それも自分の思いではなく、自分の言動によって人々が味わった思いを体験していく。

死後、人間は数十年をかけて心霊の世界（霊界）を通過していくときに自分の欲を清めていって、それから精神の国（天国）に入る。

霊界通過は、生前の自分を遡行しつつ反省する時期に当たる。睡眠中、時間の流れが地上とは逆転しているように、臨終の時点から誕生の時点へと遡りつつ、自分の言動が人々にどのような作用をしたかを知っていく。

地上に生きているときは、自分の言動によって人がどんな気分を味わったかは、よく分からないことがある。死後、相手の心のなかに入って、相手の思いを体験することになる。自分では気づかなかった思いを相手がしていたことを知って、反省する。反省すると同時に、

——償いをしたい。

という気持ちになる。どうやって償いをするかというと、「生まれ変わって、再会して償う」である。

この気持ちの実現、「カルマ」を考慮することによって人生は理解可能になり、人との付き合いをもっと有意義なものにできる。

＊

霊界を通過しおわって、心を清めて天国に入った魂は、地上に力を送れるようになる。

天国では、来世に向けての準備も行なう。

自分ひとりの力ですべてを用意・実現することはできないので、神々の助けが必要になる。神々は、その人の方針に同意したので協力するのだ。つまり、来世の準備は当人と神々が合意した路線で行なわれることになるわけだ。

地球から見て春分点が黄道十二宮を一周するのに要する年月、つまり春分の日に太陽が昇る位置の背後にある星座が再び同じになるのに要する年月は2万5920年だ。それを12で割れば、一つの星座を春分点が通過する年月になる。2160年である。

「2160年間に2回、1回は男、もう1回は女として生まれるのが原則だ」

と、シュタイナーは言う。

しかし、シュタイナーが語っている具体例を見ても、そんなにぴったりのことはほとんどない。かなりずれることも、よくある。

私たちは前世で縁のあった人々と、今また出会っている。前世で愛情と葛藤と、場合によっては憎悪もあった人々と再び巡り合う。

今度はもっと良い関係を築いていきたいものだ。

人と巡り合うとき、前世の自分の言動の果報と出会っているのであり、運命好転の機会に巡り合っているのだ。

第2章の参考文献

シュタイナー『人間の四つの気質』風濤社
シュタイナー『星と人間』風濤社
シュタイナー『精神科学から見た死後の生』風濤社
シュタイナー『シュタイナー心経』風濤社
シュタイナー『シュタイナー輪廻転生譚』風濤社
シュタイナー『子どもの健全な成長』アルテ
シュタイナー『精神科学による教育の改新』アルテ
シュタイナー『教育の方法』アルテ
シュタイナー『人間理解からの教育』筑摩書房
シュタイナー『シュタイナー教育の基本要素』イザラ書房
シュタイナー『シュタイナー教育の実践』イザラ書房
ハイデブラント『子どもの体と心の成長』イザラ書房
西川隆範編『シュタイナー教育ハンドブック』風濤社
西川隆範編『シュタイナー教育小事典――子ども篇』イザラ書房
西川隆範『あなたは7年ごとに生まれ変わる』河出書房新社
Gudrun Burkhard: Das Leben in die Hand nehmen, Verlag Freies Geistesleben

Mathias Wais: Biographie-Arbeit Lebensberatung, Verlag Urachhaus
George O'Neil, Gisela O'Neil: The Human Life, Mercury Press
William Bryant: The Veiled Pulse of Time, Anthroposophic Press

Eurythmical Life

第3章

人々との付き合い

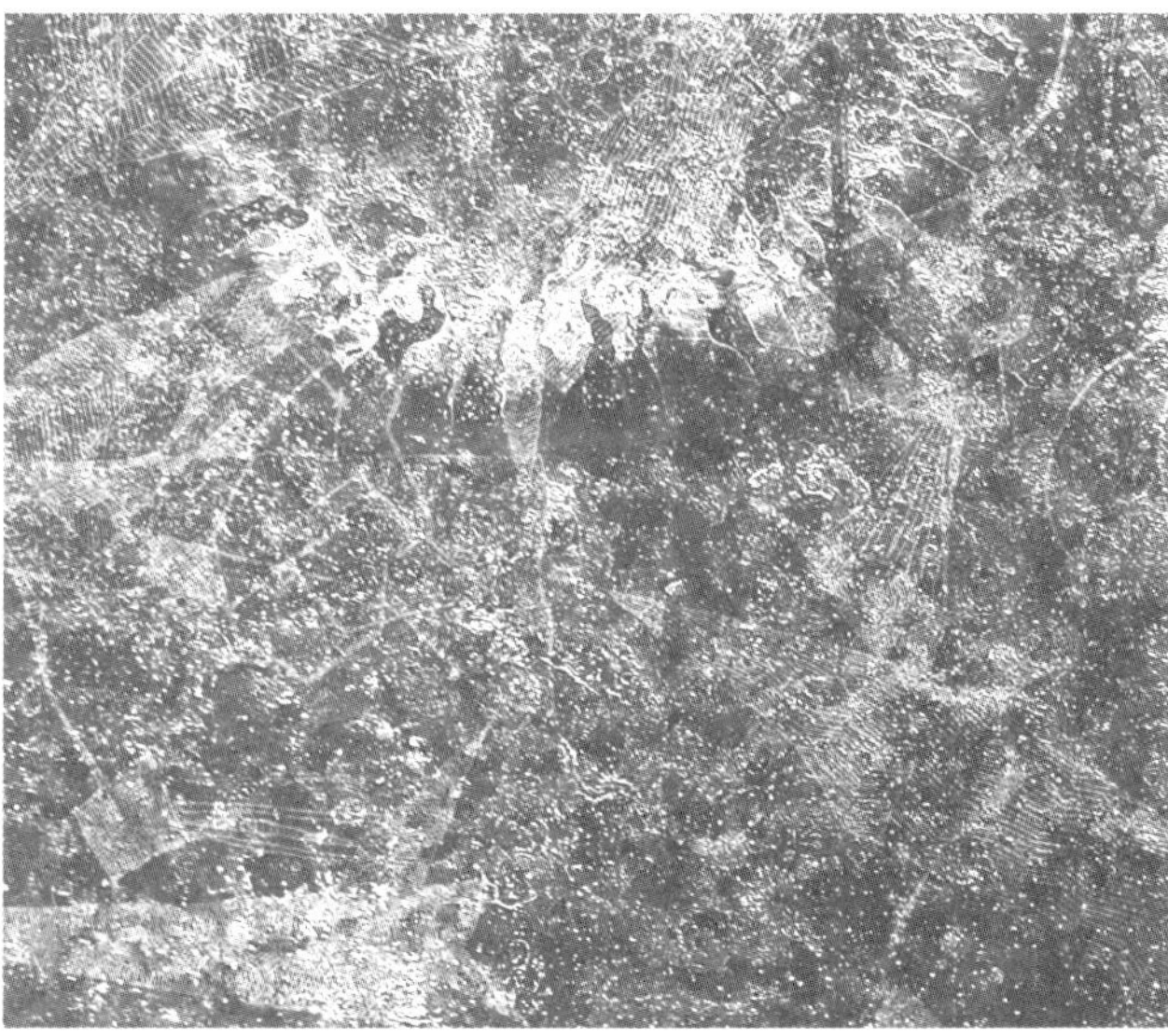

気質別の対応策

僕は昭和癸巳年（長流水）立春（水曜日）に生まれたそうだ。

血液はA型だと思う。

自分の性格を省みると、干支も星座も血液型もだいたい当たっているように思う。

エニアグラムだと、判断が微妙な質問がいくつもあったが、「調べる人」で「個性的」な傾向があるようだ。

古代ギリシア以来、人間には4つの気質があるとされてきた。

いまでは、脳内の4つの化学物質の割合によって性格が決まる、という説が出されている。

ギリシアの医学では、人間の体液に血液・粘液・胆汁があり、胆汁は黄胆汁と黒胆汁に分けられている。この4つの体液のうちどれが多いかによって、その人の気質が決まるとされた。
血液―多血質、粘液―粘液質、黄胆汁―胆汁質、黒胆汁―憂鬱質である。

＊

赤を好む、割り算的な気性が、火のような胆汁質だ。意志が強く、決断が早く、目的がはっきりしている。

よく怒る。

背は高くなく、肩幅が広く、首は短く、目鼻立ちがはっきりしている。踵が地面にめりこむような歩き方をする。

時間に正確で、食べ物に好き嫌いはない。

黄色が好きな、掛け算的な性格は、風のような多血質だ。気が変わりやすく、興味がつぎつぎに移っていく。ものの見方は楽観的である。

跳びはねるような歩き方だ。スタイルがよくて表情豊か、身のこなしは軽やかだ。

しかし、浅はかで、だらしなく、優柔不断なところがある。

緑色を好む、足し算的な性格は、水のような粘液質。太りぎみで無表情、だらだら歩く。

一人でのんびりしているのが好きだ。整頓も好きで、人から言われたことは正確に行なう。友だちを作りにくいのだが、できた友だちには忠実だ。ゆっくりしていて、激することがない。几帳面で、持続力がある。

食べすぎ・寝すぎ・着すぎの傾向がある。

藍・紫を好む、引き算的な性質が、土のような憂鬱質だ。楽しそうにしている人々のなかには入っていけない。

痩せていて、猫背になりがちである。足を引きずるように歩く。

寝付きが悪く、朝は不機嫌だ。悲観的で敏感で、自己中心的である。

自分を閉ざしているのだが、好きな人にはすなおだ。不幸な人を見ると安心して、同情する。

＊

胆汁質の人は、まわりから大きな関心を示していてもらわないと不満である。自分の能力を少し越える課題に取り組むのが有益だ（困難がないと威張る）。尊敬できる権威者がいると、自制できる。

多血質の人には、生活に静かなリズムが必要だ。つぎつぎと違うことをするのではなく、一つのことを変化をつけながら続けてみるとよい。

粘液質の人は、早朝の用事をするとよい。

粘液質の子どもの親は、その子自身には無関心なふうにしているのがよいのだが、その子がものごとに興味を持つようにさせる工夫が必要だ。

いっしょに散歩しているときに、

「見てごらん、きれいな花が咲いているよ」

と注意を促すのではなく、

——ああ、きれいな花だなあ。

と、大人が気づいていればいい。

憂鬱質の子どもは、心身の暖かさを必要としている。憂鬱質の子どもに対しては、大人も人生の苦悩を背負う人間として、自分が苦しみにどう対処したかを語るようにする。悲劇的な出来事を話題にすると、関心をもって聞いてもらえる。

胆汁質の子どもには、穀物や生野菜のほか、甘いものを適度に与えるとよい。

多血質の子どもは、砂糖や肉を控えめにする。華徳福《ワルドルフ》教育では、乳製品が薦められている。

粘液質の子どもには、雑穀・葉菜を与え、おかずは塩味にする。卵は控えめにする。粘液質の子は食べすぎる傾向があるので、適量に制限する。

憂鬱質の子どもには、蜂蜜や、花のハーブティー、果物、サラダ、そしてスイーツを適度に与えるようにする。考え込む癖があるので、思考を促す根菜は控えめにする。キャベツも控えめだ。

＊

親や教師の気質が、子どもに影響する。

胆汁質の大人は、子どもを驚かせるような言動をするので、子どもは不安を感じ、虐げられていると感じる。親・教師が胆汁質すぎる場合、子どもは血液循環に障害をきたしたり、消化器に症状が現われることがある。

多血質の大人は子どもから深い印象を受けず、そのため子どもは生命の喜びを十分に感じられない。大人が多血質すぎる場合、子どもは活力がなくなることがある。方向が定まらず、意志・忍耐力の弱い人間になる可能性がある。

粘液質の大人は子どもに無関心なので、子どもは精神的な呼吸困難に陥り、神経質になりがちだ。いきすぎると、鈍い人間になる可能性もある。

憂鬱質の大人は自分自身に関わっており、子どもとの関係を築こうとしないので、子どもの心が冷える。大人が憂鬱質すぎる場合、子どもは感情が抑圧され、呼吸器や心臓を病むことがある。

大人は自分の気質を、みずからの努力によって改善することができる。

胆汁質の人は、怒っても何もならないような状況に身を置くようにするとよい。多血質の人は、関心をつぎつぎと変えるのがふさわしい状況のなかで多血質を使い果たすようにする。粘液質の人は、本当に退屈なことをしてみる。憂鬱質の人は、自分の苦悩ではなく、世間の苦悩に関与するとよい。

家族

多くの親にとって、子どもは生きがいである。そして、多くの子どもが親の健康と長寿を願っている。また、多くの世帯主が「家族のため」と思って重労働に耐えている。

だが、親子・夫婦のことで悩んでいる人も多い。想像もできないようなことが家庭内で生じていることもある。

児童虐待やDV（ドメスティック・ヴァイオレンス）の場合もある。身体的虐待や性的虐待は言うまでもなく、言葉による心理的虐待や育児放棄の場合も、親が自覚しない程度のものでも、子どもは傷を負っている。

親子になったことには前世からの因縁があるのだろうが、子どもが害を受けているなら、その親子関係から離さざるをえないこともあるだろう。最初の華徳福《ワルドルフ》学校の教師になったハイデブラントは、「不和な両親、あるいは子どもを虐待する両親から子どもを遠ざけて、愛情と調和のある環境にもたらすと、子どもはまもなく身も心も健康になり、快活になります。もちろん、軽々しく、責任感なく、子どもを親元から引き離してはなりません」と書いている（『子どもの体と心の成長』）。

ＤＶには、心理的な暴力も含まれる。

妻に暴力を振るう夫が「一歩家庭から外に出ると、穏やかで腰が低いのだ。近所の人にも愛想よく、職場では上司に従順な態度をとり、友人に対しても細やかな気遣いを見せたりする」という（信田さよ子『選ばれる男たち』）。

妻から侮辱されているという被害者意識から、言葉による暴力や、口をきかないという暴力を振るうことがあるそうだ。

注意したいのは、「多くの人は、自分が相手に対して力をもっていることに無自覚である。上下関係を嫌う人ほどそうである」（同書）という指摘である。

妻から心理的暴力を受けている夫は、格好悪いと思って、人に話さないでいることが多いだろう。

昔、女性誌のインタビューを受けたことがあって、その雑誌を見たら、美容やファッションやグルメや愛の未知の世界が広がっていた。それ以来、男性は女流文学を読んだり、女性映画を見たりするといいのではないか、と思うようになった。また男性が知り合いの女性たちと話をして、どういうふうに女性は感じているのかを知るのは有益なことだろう。

いまは、若い男性も年配の男性も、家事の楽しさに目覚めている人が多い。きれいに掃除する気持ちよさ、ていねいに洗濯する爽快さ。料理が好きな男性が少なくないのは昔からだ。

心理的・体調的に家事・育児を十分にできない女性が特に現在ふえていると思う。良人は、そんな細君を理解して、思いやりを持ちたいものだ。家事の楽しみを与えてもらったのだし、子どもはリミットテスティングの傾向を持つようになっているかもしれないが、育児の時間がたくさん持てて幸せなことだ。

現代でも、夫があまり育児をしてくれない、と言う女性が少なくない。仕事が忙しすぎるはずだから、これは社会のあり方の問題でもある。

＊

シュタイナーは、精神分析で言うエディプス・コンプレックスを否定している。父の姿に息子は憧れるし、母は娘にとって理想像だ。現在、友だちのような母と娘、父と息子が多くなっている。

女の子は男の子よりも冷徹に母の短所を見る、という話をよく聞く。男の子は母の愛を疑わない、とも聞く。

娘は母に愛されたい。母よりも幸せになると嫉妬されるかもしれないから、母よりも不幸になることによって、母の同情・愛情を得ようとすることがある、と言われてきた。

母のなかには、自分の夢を娘に実現させようと、母娘一体で頑張る人がいる。娘の成功が母の自己実現と一体化している。娘への愛ゆえにそうしているので、それが娘の重荷になっているとは思わない。娘は母の愛から逃れられず、母の望みに沿った人生を歩むようになる。母から距離を置くほうがいいのだが、そうすることに娘は罪悪感を抱いてしまうというのだ。

母性愛というものに対する疑問が出されている。「母の愛の絶対性という幻想」は、明治になって国家の基礎を担うことになった「イエ制度を存続させるために「捏造」された概念」(香山リカ『親子という病』)だというのである。女性たちも、「子育てに勝る女の満足は無いはずだ、という共同幻想の方を信じていた」(湯山玲子『女装する女』)。

一方、子どもたちはどうかというと、「子どもたちは親が感じている以上に親の一挙手一投足を気にし、……私が親の意に沿わない子どもだったら、親から見捨てられてしまうのではないか」と恐れている(香山、前掲書)。子どもには「親孝行というコミュニケーションやプレゼンテーションをしなければ、つながりを確認できないという不安がある」(湯山、前掲書)。そんな不安や恐れを子どもたちが抱かなくてもすむよう、自分も満足できる楽しみある生活をして、愛を感じられる家庭にしたいものだ。

重い問題を引きずっている親子は多々いる。子どもにとって、親の愛情というのは一生の基盤を決定する要素だ。

*

「生まれようとする子どもの魂は、親を愛している。その愛に母は応える」

と、シュタイナーは言っている。子どもから絶対的に愛されている親が、その愛に応えているというのだ。

生まれてくる魂は母をじかに見るのに対し、父のことは母をとおして（つまり母が夫すなわち生まれてくる子の父親について抱いているイメージを）見る、とシュタイナーは言う。

子どもは親を愛し、親の愛を求める。しかし、親が子どもの思いに応えられるだけの愛を注げるかどうかは分からないのが現状だ。

親の愛を感じられない子どもは、どこかで絶望的になっている。

以前から、「母親の愛情不足」がよく指摘される。しかし、母性愛の大事さを説かれても、そう言われてすぐに愛することができるようになるものでもあるまい。周知のとおり、自分が子どものときに親から十分に愛されていなかった場合、わが子を愛そうという気持ちは大きいのに、自分の親と同じように子に当たるケースは非常に多い。

育児によって自分の時間が果てしなく奪われていくように感じる人もいるだろう。しかし、考えてみれば、親が子どもと密着して生活する期間はせいぜい十数年である。その後は、だんだん自分の時間が取れるようになる。なにかを成し遂げるのは、そのときからでも決して遅くない。それまでは、子どもとともにいられる喜びをたっぷりと楽しみたいものだ。

育児中は、自分のスケジュールを作っても、実行できなくなる事態が生じることが多い。だから、なにかを計画するなら、たっぷり余裕のある、融通のきくものにするほうがいいと思う。

育児をとおして自分の時間が大変少なくなるから、「あれもこれもしたい」という願いが厳選されて、「これだけは成し遂げたい」というふうに絞られてくる。自分の一番大事なテーマが明らかになってくる。

僕は、神秘的寓意に満ちた小さな物語を一つ遺したい、と思っている。

悔いが残らないように、できるだけのことを子どもにしたいと思う。ただ、鬱にならないよう、半時間だけでも自分の楽しみの時間を取っておきたいものだ。もし、一日1時間も自分の時間が持てれば、相当の創造行為が可能だ。

僕は子どもが生まれたとき、仕事時間を半分に減らそうと思った。実際は、5分の1にせざるをえなかった。なんとか1時間ぐらいは机に向かった。こうなると、4時間も6時間も仕事ができたら夢のような生活だなぁ、と思えてくる。育児中、5秒も静寂な時があると、まるで悠久の時のように感じた。

過去から未来まで、いずれの時の自分もいま同時に存在していて、どの時点の自分にも往き来できるような感覚をつかんだのも育児生活をとおしてである。

＊

シュタイナーは、

「前世で30代のころを共に過ごした人々が、現世で家族になる」

と、話している。

それが本当なら、前世でどんな関係にあったか、さまざまだろう。ずっと仲良しで過ごした友だちではなかった可能性もあるわけだ。喧嘩したこともあったかもしれないし、問題を残したまま死んで、その続き・解決が現世に持ち越されているということもあるだろう。

前世を考慮に入れれば、自分の不運を嘆くだけで終わらずに、相手を理解しようとするまなざしが得られる。その結果、もっと優しくなれるのではないだろうか。

「父親の外的な特性が娘の内面に現われ、母親の心の特性が息子に身体的に現われる」

と、シュタイナーは言う。そして、

「親の思いが、子どもにおいて現実化する」

と言っている。親の夢・希望を子どもが実現するという意味ではなく、親の意識下の思いが、子どもにおいて現実化するというのだ。たとえば、堅実な親が意識下に不埒な考えを持っていた場合、子どもが不埒な生活を送るようになるというのだ。

＊

幸せなカップルを見ると、本当にうれしい、明るい気持ちになる。いま日本では、神式かキリスト教式の結婚式がよく行なわれる。

キリスト教では、夫と妻は「もはや別々ではなく、一体である。従って、神が結び合わせてくださったものを、人は離してはならない」(「マタイ福音書」19章、「ルカ福音書」10章)。

話が変な方向に行くが、

「妻を離縁して他の女を妻にする者はだれでも、姦通の罪を犯すことになる。夫を離縁して他の男を夫にする者も、姦通の罪を犯すことになる。不法な結婚でもないのに妻を離縁する者はだれでも、その女に姦淫の罪を犯させることになる。離縁された女を妻にする者も、姦通の罪を犯すことになる」(「マタイ福音書」5章、「マルコ福音書」10章、「ルカ福音書」16章)

と、イエスは言っている。弟子たちは、

「夫婦の間柄がそんなものなら、妻を迎えない方がましです」

と言う。イエスは、

「結婚できないように生まれついた者、人から結婚できないようにされた者もいるが、天の国のために結婚しない者もいる。これを受け入れることのできる人は受け入れなさい」(「マタイ福音書」19章)

と、答えている。

パウロは、

「男は女に触れない方がよい。しかし、みだらな行いを避けるために、男はめいめい自分の妻を持ち、また、女はめいめい自分の夫を持ちなさい。……わたしは、そうしても差し支えないと言うのであって、そうしなさい、と命じるつもりはありません。わたしとしては、皆がわたしのように独りでいてほしい」(「コリントの信徒への手紙」(一) 7章)

と書いている。

仏陀は妻子を捨てて出家している。西行や刈萱道心《かるかやどうしん》もそうだ。諸行無常なのだから、発心したら明日を待つべきではないのだろうが、まだ子どもが父を必要とする年齢のときに出家遁世《しゅっけとんせい》するのは可哀そうだ。子どもの成長を見届けてから出家するのではいけなかったのだろうか。

世俗を離れた修道生活は、じつは、ある意味で家庭生活よりも楽である。自分を厳しく律していればいいのである。それよりも、思いがけない難局に幾度も見舞われる家庭で、人間は行者以上に鍛えられて、悟りの境地に近づいていく。

女と男

「男の頭は固く、女の頭は柔らかい」

と、シュタイナーは言う。

たとえば、男は予定の変更が嫌だが、女はそのときの気分で予定を変えることが自然だ。

固い頭は伝統を重んじ、柔らかい頭は新しい思想を受け入れる。

男は理知的なものを理解し、女は自由な心魂を持っている。

「男の場合、体験は内面に深く入っていかない。女性は経験を深く受け取る」

とも、シュタイナーは言っている。

この違いは男女の身体と心魂の関係に起因する、とシュタイナーは考えている。

男の心・魂は身体に深く入り込んでいる。その結果、地上的・物質的になりがちだ。

女の心・魂は身体と天上の中間に漂っていて、心（思いのオーラ）に対するセンスを持っているというのだ。

男女の性質の違いは、「男の生命オーラは女性的、女の生命オーラは男性的である」ことによる。男の生命には月的な雰囲気が漂っており、女が発する生命感は太陽的なのである。

男は女らしく、女は男っぽいところがあるのだ。

肉体よりも生命オーラ（エーテル体）のほうに自分を感じる場合は、同性への恋慕が強くなることがあると思う。

＊

しばらく前から、男子には女性と付き合ったり結婚することへの関心が減っている。同時に、男性は女性的な感覚に共感を持つようになってきている。

世の中には強い父親への郷愁もあるが、男性が女性的な価値観を受け入れるようになっているのはいいことだ。女性的な感性やライフ・スタイルを男子が共有するのは未来的だろう。

Y染色体の損傷によって、遅かれ早かれ男子が絶滅すると言われている。生物のメス化は、以前から指摘されている。また、以前から精子が劣化しており、これらには環境問題が関係している。

38億年前に誕生した生命は、最初の10億年間はメスだけだったというから、遠い将来、人間の生殖のあり方が大きく変化する可能性があると思う。

＊

僕が高校生のときの国語の先生は、稲垣足穂の弟子である。ご存じの方がいらっしゃると思うけれど、足穂は小倉百人一首をV感覚的、能楽・茶ノ湯・弓矢の道をA感覚的としている（Vはヴァジャイナ、Aはエイナス）。

僕が中学生のときの担任の先生は国語の先生で、その影響で平安から室町、そして昭和の文学に親しんでいくことになった。

大学では、フランス文学を専攻した。

ルージュモン『愛について』は、「現実になれば、もはや恋愛ではなくなる」という騎士道の思想から、「情熱恋愛は、西欧においてはキリスト教の（とくにその結婚についての教義の）反動として、人びとの魂のなかに現われた」、「結婚は肉体の結合をもっぱら意味し、これに対して至高のエロスである《愛 Amor》は、この世に存在しうるすべての愛を超えて、光明に満ちた結合に向かって進む魂の飛躍である」、「その流れの一つは、マニ教的な宗教の一大潮流で、源をイランに発し、小アジア、バルカン地方を通って、イタリアおよびフランスに流れ込んだものである。これは智慧《ソフィア》としてのマリアと《光明の形態》をとる愛とに関する秘教的教義をそこにもたらした。もう一つの潮流は、……プラトン化されマニ教化されたスーフィー派のはびこるイラクから発し、アラビア的スペインに渡り、ピレネー山脈をこえて南仏に入って、そこの社会と出あった。……このようにして同じ東洋に発し、文明的な地中海の両岸を経て伝来した魂の《異端》と欲望の《異端》との二潮流が、窮極的に合流した地点に、情熱恋愛という表現形式の西欧的一大典型が誕生した」（鈴木健郎・川村克己訳）と、論じている。「トリスタンとイゾルデ」にいたるまでに、こんな文化史の経過があったのだろうか。

日本でおもしろいのは、やはり九鬼周三『「いき」の構造』だ。

「「いき」の第一の徴表は異性に対する「媚態」である。……媚態とは、一元的の自己が自己に対して異性を措定し、自己と異性との間に可能的関係を構成する二元的態度である。…この二元的可能性は媚態の原本的存在規定であって、異性が完全なる合同を遂げて緊張性を失う場合には媚態はおのずから消滅する。……二元的関係を持続せしむること、すなわち可能性を可能性として擁護することは、媚態の本領であり、したがって「歓楽」の要諦である。…

「いき」の第二の徴表は「意気」すなわち「意気地」である。……「いき」は媚態でありながらなお異性に対して一種の反抗を示す強味をもった意識である。…

「いき」の第三の徴表は「諦め」である。運命に対する知見に基づいて執着を離脱した無関心である。「いき」は垢抜がしていなくてはならぬ。…魂を打ち込んだ真心が幾度か無惨に裏切られ、悩みに悩みを嘗めて鍛えられた心がいつわりやすい目的に目をくれなくなるのである。……「いき」のうちの「諦め」したがって「無関心」は、世智辛い、つれない浮世の洗練を経てすっきりと垢抜けした心、現実に対する独断的な執着を離れた瀟洒として未練のない恬淡無碍の心である。……

…amour-passion の陶酔はまさしく「いき」からの背離である。「いき」に左袒する者は amour-goût の淡い空気のうちで蕨を摘んで生きる解脱に達していなければならぬ」

amour-passion（情熱恋愛）、amour-goût（趣味的恋愛）は、いうまでもなくスタンダール『恋愛論』における分類だ。スタンダールは情熱恋愛を支持している。

彼は、「最も賢い男が、愛する瞬間、もはや対象をそのとおりには見ない」、女性は「恋人に会うたびに、彼の実際ではなく、自分が作ったデリシャスなイメージを楽しむだろう。……愛においては、自分が作るイリュージョンを楽しむだけだ」と書いている。

自分が相手に投影していたイメージは、やがて（アメリカの学者たちの研究によると1年半〜4年後には）消えて、相手の現実が見えてくる。そして、失望することになるのだが、このとき、相手を責めることが多い。

愛は本当に未完成だ。いつか人々が本当に大きな愛を持てるまで、私たちは愛の夢と絶望を繰り返していくことになるのだろう。

永遠の愛を求めて生きていこう。

男の子は自分の思いをそのまま相手に伝え、そして相手の気持ちを大事にするのがいいと思う。女性は自分の気持ちのまま、思いのままに生きているのが自然な感じがする。

第3章の参考文献

シュタイナー『人間の四つの気質』風濤社
シュタイナー『いかにして前世を認識するか』イザラ書房

Almut Bockemühl: Selbstfindung und Muttersein im Leben der Frau, Verlag Freies Geistesleben

Signe Schaefer, Betty Staley, Margli Matthews: Ariadne's Awakening, Hawthorn Press

Robert Johnson: He, Harper Perennial

Robert Johnson: She, Harper Perennial

Robert Johnson: We, Harper Perennial

Eurythmical Life

第4章

神仏・霊魂との交流

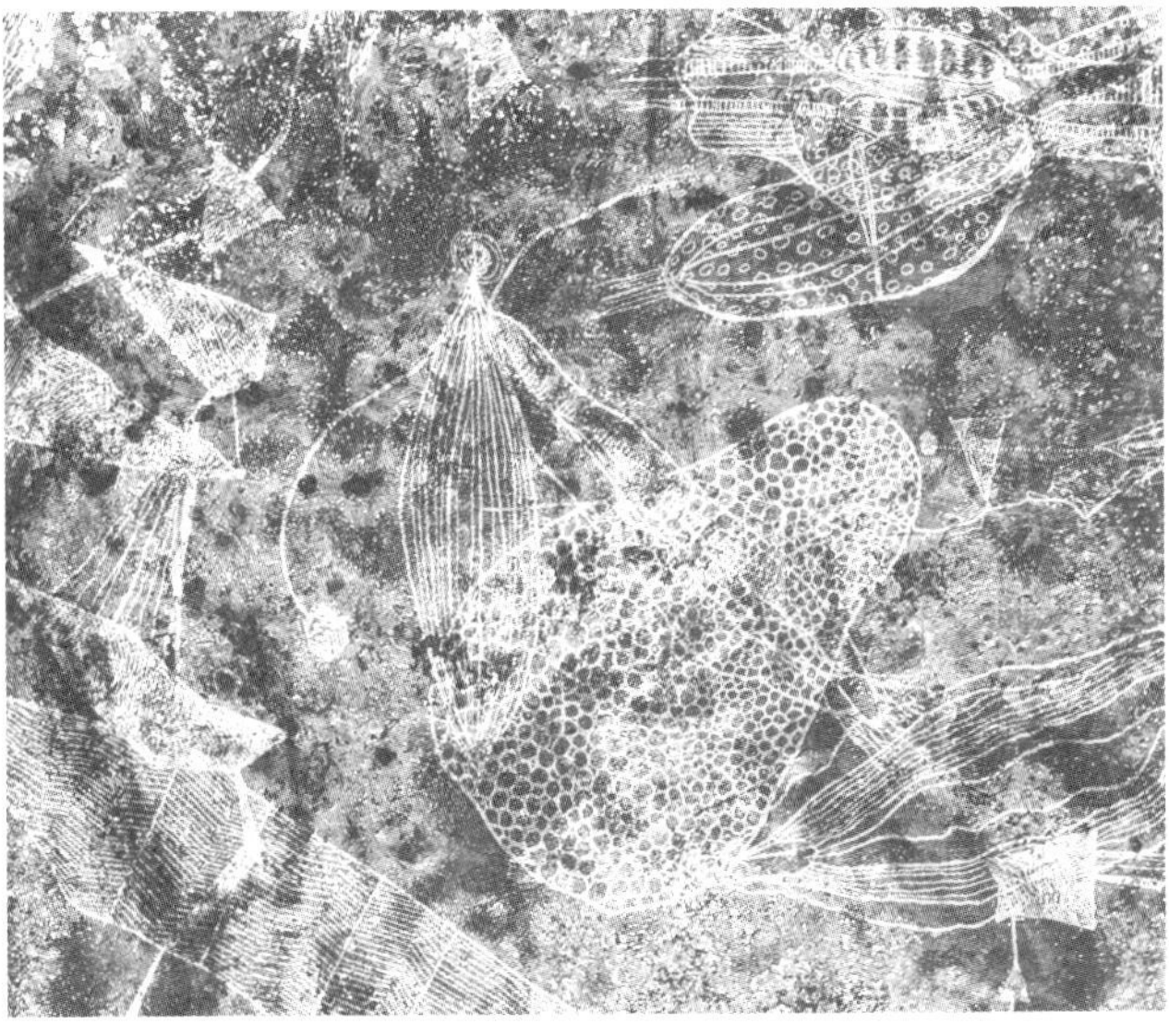

霊魂の供養

霊魂に関する言い伝えは、近代人には迷信のように思われる、と思う。たしかに、迷信は少なくない。しかし、各地に広まっている風習の半分ぐらいには心霊的な根拠がある、と僕は考えている。

肉体の死ののちも霊魂は存在すると仮定した場合、先祖は子孫のことを気にかけているのではないか、と考えてみることができる。

人が亡くなったら、身寄りがない場合などは別として、まず葬式だ。葬儀の手配が忙しく、ゆっくり死者とともに過ごせないことも多い。いままでの葬儀に不満・疑問が生じて、自然葬・自由葬が模索されている。「自然に還る」というのは、日本人の感性にかなり合っていると思う。

——きれいな湖のほとり、きれいな林のなかに葬られて、自然と一体になりたい。

涼しい風の吹くところ、暖かい日の差すところに埋葬されて、心地よくまどろんでいたい。

そう思う人は少なくないだろう。墓石より木を一本植えてほしい、と願う人々も少なくないと思う。

シュタイナーはキリスト教式の葬儀について、「幼くして亡くなった場合はカトリック、年老いて亡くなった場合はプロテスタントの葬儀がいい」と言っている。幼児には儀式が大事であり、老人は人々が自分の人生を肯定的に語ってくれることを欲する、というのだ。

生きているときも、子どもは儀式の雰囲気から印象を受け、大人は教えを自分で検討・思考することができる。

僕は、まず音楽を演奏し、その方に縁の深い経典・聖典を朗読して、それから、その方の思い出を語り、音楽で終わるという形式を考えている。

＊

シュタイナーは、墓には意味があると考えている。墓の形が霊魂に、天への道を示すというのだ。

日本では五輪塔・宝篋印塔《ほうきょういん》・宝塔などが墓石として用いられてきた。無縫《むほう》塔は滅多に用いないだろう。

生前によく学んでいて、死後の世界に通じている死者なら、墓は不要だ。そうでない場合は、墓があったほうが無難だろう、と僕は思っている。

位牌は儒教の祖霊祭で用いる、官位と氏名を記した位版（木主・神主）に由来する。神道でも、霊代を用いる。

位牌が普及したのは江戸時代だ。必要というわけではない。ただ、位牌のある仏壇に慣れ親しんできた方が亡くなられたときは、位牌がないと戸惑われるかもしれない。

「生涯プラン」の章で触れたように、シュタイナーによると、死者は死後数日間、生前の人生を映像のように見たあと、心霊の世界（霊界）を通過して精神の国（天国）にいたる。霊界通過に要する時間は、その人の生涯の3分の1くらいの年月だ、とシュタイナーは言っている。正確に言うと、その人が生涯のあいだ眠りに費やした時間だ。１００歳まで生きたら、約33年である。

日本では、三十三回忌で「弔い上げ」にすることが多い。そのくらいの時点で死者の霊魂は祖霊に融合する、と考えられてきた。

昔は、死後、十王に裁きを受ける、と言われた。

初七日に秦広王《しんこうおう》、二七日《ふたなぬか》に初江王《しょこうおう》、三七日に宋帝王《そうたいおう》、四七日に伍官王《ごかんおう》、五七日に御存知の閻魔さん、六七日に変性王《へんじょうおう》、四十九日に太山王《たいざんおう》。百ヵ日に平等王《びょうどうおう》。一周忌に都《と》市《い》王、三回忌に五道転輪王《ごどうてんりんおう》というふうに、10人の王に冥途で尋問されていく、と考えられてきた。

いうまでもないと思うが、三回忌というのは死後2年目の命日のことだ。

日本では、死後しばらく霊魂は不安定な荒魂状態にあり、三回忌のころに安定した和魂になる、と考えられていた。

十王の裁きのある節目節目に、追善供養をする。

初七日に不動明王、二七日に釈迦如来、三七日に文殊菩薩、四七日に普賢菩薩、五七日に地蔵菩薩、六七日に弥勒菩薩、四十九日に薬師如来。百ヵ日に観世音菩薩。一周忌に勢至菩薩、三回忌に阿弥陀如来。

そのあと、七回忌に阿閦如来、十三回忌に大日如来、三十三回忌に虚空蔵菩薩が割り当てられる。

このように追善供養に配当されたのが十三仏だが、その個々の仏よりも供養の節目の日数・年数に意味がある。

十三回忌から三十三回忌のあいだに、十七回忌・二十五回忌・二十七回忌を入れることもある。三十三回忌のあと、旧家なら、五十回忌・百回忌をすることもある。

霊魂の不安定期には特に丁寧に供養するのがいい、と思う。現代では、列席者の都合に合わせて、日にちを適当にずらすことがあるが、正確な日付でやりたいものだ。少なくとも、葬儀の日に初七日も一緒にやってしまうというような乱暴なことはしないほうがいい、と思う。

死者の妄念・執念を感じるときは、迷信のように思われるかもしれないが、花などを供えて弔うと、だんだんと念が消えていくようだ。

三回忌を過ぎても、地上への執着や誰かへの思いが残っていて、迷っている霊魂はいらっしゃる。やはり、三十三回忌ぐらいまでは気遣ってあげるのがいいだろう。

亡くなられた方の宗旨の方式で供養する。

特にない場合は、般若心経や観音経（法華経普門品）偈や念仏など、普通に広まっているものは、やはりそれなりの力を持っている。

念ずるだけでいいはずだが、花・蠟燭・水などがあると気持ちが整いやすいと思う。

キリスト教なら、三位一体（父・息子・聖霊）に十字を切って、福音を読み、主の祈りを唱える、という形はどうだろう。

＊

僕は、先祖ならびに有縁の霊魂が天の光に照らされ、神のいのちに満たされて健やかに過ごされるよう、みたまに恵みと平安があるように祈念して、シュタイナーの語った死後の経過を読んでいる。

「死ぬと、生命は体から離れる。死の瞬間、過ぎ去った人生が大きな画像のように、死者のまえを通り過ぎる。生命は記憶の担い手であり、その記憶が解き放たれるからだ。

地上への愛着から離れる時期が始まる。心のなかの願望は、死後も存在しつづける。体の喜びは心に付着しており、欲望を満たすための道具である体がないだけだ。地上に結び付いている欲望がなくなるまで、心霊の世界（霊界）の期間は続く。物への願望が強ければ、死後の生活において意識が曇る。物への執着をなくしていくにつれて、意識が明るくなっていく。生まれてから死ぬまで、自己の発展の妨げとなるものを作る機会が多々ある。自分本位の満足を手に入れたり、利己的なことを企てたりしたとき、私たちは自分の発展を妨げている。だれかに苦痛を与えても、私たちの進歩の妨げになる。霊界を通過していくとき、進歩の妨げを取り除く刺激を受け取る。霊界で、人間は自分の生涯を三倍の速さで、逆向きに体験していく。ものごとが逆の姿で現われるのが、霊界の特徴だ。自分が発している衝動や情熱が目に入るのだが、それらが自分のほうに向かってくるように見える。自分の行為によって他人が感じたものを、霊界で体験する。自分が相手のなかに入って、そのような体験をするのだ。そのように、人生を誕生の時点へと遡っていく。

新しい状態が始まる。苦悩から解放された、精神の国（天国）での魂の生活だ。そこでは、地上の鉱物があるところは空《から》になっており、そのまわりに神的な力が生命的な光のように存在している。地上の事物のなかに存在するものが、天国の大陸を作っている。地上では生命は数多くの存在に分けられているが、天国における生命は一個の全体として現われる。天国の海だ。心のなかに生きるものが、天国の空気を作る。人間が地上で抱く喜びと苦しみが、天国では気候のように現われる。かつて体験したことが、いまや大気圏として人間のまわりに存在する。天国のこれらの領域に思考が浸透している。

人間は天国で、みずからの元像を作る。天国に持っていった、地上の人生の成果が、そのなかに取り込まれる。この元像が凝縮して、物質的な人間になる。生まれ変わるべき時期が来ると、魂は天国で作った元像に従って心をまとう。そして、神々によって両親へと導かれる。両親が与える体は、生まれようとする心と魂におおよそしか適さないので、体と心のあいだに、神々によって生命が入れられる。生命を得るとき、これから入っていく人生を予告する画像が現われる」

神・天使・妖精

仏は「如来・菩薩・明王・天」の4種類に分類される。

仏教の第一の基本書『倶舎論《くしゃ》』では、天界の存在が27段階に分類されている（28に分類することもある）。

非想非非想処《ひそうひひそうしょ》、無所有処《むしょうしょ》、識無辺処《しきむへんしょ》、空無辺処《くうむへんしょ》の、形なき天上存在たち。

色究竟《しきくきょう》天、善見《ぜんけん》天、善現《ぜんげん》天、無熱《むねつ》天、無煩《むぼん》天、（無想《むそう》天）、広果《こうか》天、福生《ふくしょう》天、無雲《むうん》天、遍浄《へんじょう》天、無量浄《むりょうじょう》天、少浄《しょうじょう》天、極光浄《ごくこうじょう》天、無量光《むりょうこう》天、少光《しょうこう》天、大梵《だいぼん》天、梵輔《ぼんほ》天、梵衆《ぼんしゅ》天の、形ある天上存在たち。

他化自在《たけじざい》天、化楽《けらく》天、兜率《とそつ》天、夜摩《やま》天、忉利《とうり》天、四王天の、欲ある天上存在たち。

キリスト教ではディオニュシウス・アレオパギタ（パウロの弟子）が書いたとされる『天上の位階』に、九階級の天使が説明されている。

熾《し》天使・智天使・座天使が上級三隊。

主天使・力天使・能天使が中級三隊。

権《けん》天使・大天使・天使が下級三隊。

一番下の天使が、私たち個人個人の守護天使だ。

シュタイナーによると、大天使は民族神である。権天使は時代精神の源だ。

能天使は、シュタイナーによると、聖書の天地創造の神々＝エロヒムである。エロヒムのなかの一柱がヤハウェだ、とシュタイナーは言っている。能天使が人間の魂（個我）の形を与えた、と言っている。

力天使は人間の心（思いのオーラ）を流出した存在、主天使は人間の生命オーラを流出した叡智的存在とされる。

座天使は、人間の体の原型を流し出した。

智天使は霊化された生命の萌芽を人間のなかに植え付け、熾天使は純化された心の萌芽を植え付けた。

＊

守護天使は、子孫の生活の安定を願う先祖の霊魂とはちがって、個人の魂の成長を見守っている。私たちの魂が成長するのを望んでいる。

私たちが幼年のころには、守護天使はいろいろと守ってくれたはずだ。大人になったら、天使に頼るよりも、天使に見られても恥ずかしくない立派な生き方をしたいものだ。

親は子どものことを大事に思っているが、いつまでも甘えられているよりも、子どもが成長して自立するのを喜びとするはずだ。守護天使と人間の関係はそれに似ているのではないか、と僕は思う。

――立派に成長して親孝行をするように、いつかは天使孝行できる自分になりたい。と、思う。

民族神である大天使は日本の場合、天照大神（天つ神）なのか大国主命（国つ神）なのかという問題がある。2月11日の建国記念日は、ＢＣ６６０年の神武天皇即位の日とされている。日本を作った大国主命＝国魂神は天照大神の孫に国を譲り、『日本書紀』によると、それから179万2470年あまり経って、45歳の神武の軍勢が九州を出発した。そして、悪戦苦闘の末、大和民族に受け入れられ、旧暦の1月1日に橿原宮で即位したとのことである。大国主が日本先住の国つ神の代表で、神武は渡来の天つ神の血を引いている。

時代精神の源の権天使たちは、一定期間、世界全体の思潮を導く存在だ。2160年間ずつ交替で担当することになっている。そして、その下にもっと短い年月を担当する7柱の大天使たちがいる、とされている。

アグリッパ・フォン・ネッテスハイム（16世紀前半に活躍した神秘思想家）は、つぎのように整理している。

ミカエル　BC600〜200年
オリフィエル　BC200〜AD150年
アナエル　150〜850年

ザカリエル　500～850年
ラファエル　850～1190年
サマエル　1190～1510年
ガブリエル　1510～1879年
ミカエル　1879年～
このなかで、ラファエル、ガブリエル、ミカエルが3大天使と言われてきた。
ラファエルは旧約聖書外典「トビト書」に登場する。失明したトビトの息子トビアスが、父の貸金を回収にいく旅の道連れになった大天使だ。
ガブリエルはマリアに受胎告知（「ルカ福音書」1章）をした大天使だ。人間を地上社会に導き入れる大天使である。大家族のように暖かく包み込むのがガブリエル的な愛だ。
ミカエルは「ヨハネ黙示録」12章に登場する。個人の自由を推進する大天使、個人に精神世界を示す大天使である。ミカエルに向き合うと、背すじがまっすぐ伸びるような気分になると思う。

ラファエルは春の大天使、ミカエルは秋の大天使、ガブリエルは冬の大天使だ、とシュタイナーは話している（夏の大天使はウリエル）。

＊

天使だけがいるわけではない。

悪魔もいるし、妖精もいる、と言われている。

天使と妖精がどう違うかというと、天使は人間より遙かに崇高な神的存在だが、妖精は人間と同じような感覚で生きている霊的存在である。

妖精は天使から派生したもの、とシュタイナーは考えている。妖精は天使のように天界にいられたのに、地上の自然界のなかに入り込んでいて、天上に昇りたいと思っているという。

土の精、水の精、空気の精、火の精がいる。四大元素霊と言われる。自然霊と言われることもあるし、火の精は動物霊と言われることもある。

天使は人間が欲張ったことを願った場合、そんな利己的な願いには応じない。ところが、妖精は人間の自分勝手な願いも聞き入れることがある。

天使は人間の魂の成長を導く存在だ。妖精は、人間と仲良くなりたいと思っている者たちである。だから、天使なら却下するような願いも、妖精は聞き入れることがあるのだ。

妖精は人間が信義を守ることを要求する。丁重に扱われることを好む。人間が願いごとだけして、お礼をしないと大いに気分を害して仕返しをする、という話をよく聞く。

僕たちは妖精に願いごとなどせずに、自然の美しさを楽しむようにしているとよい。そうすれば、自然のなかに生きる妖精たちは人間の明朗な気持ちに触れて救われたような気分になるという。人間が快活な気分で自然界に接していると、妖精は助かるのだそうだ。

僕たちは妖精から利益を得ようなどと思わずに、妖精たちを天に昇らせられるような精神性をもって自然界に接しているのがいい。

悪魔

「悪魔は2種類いる」

と、シュタイナーは言う。

人を幻想的・耽美的な世界に誘って、現実感覚を希薄にさせようとしている悪魔と、人を攻撃・破滅させようとする悪魔だ。誘惑する悪魔と破壊する悪魔である。

イエスは悪魔の試みにあっている。

「マルコ福音書」1章には、イエスは荒野に40日間いて、悪魔の試みにあった、と書いてあるだけだが、「マタイ福音書」4章と「ルカ福音書」4章には、悪魔とイエスのやりとりが書いてある。

40日間の断食で空腹を覚えたイエスに悪魔は、

「神の子なら、これらの石にパンになれ、と命じたらどうだ」

と、言う。

「人の生くるはパンのみに由るにあらず、神の口から出づる凡ての言葉に由る、と聖書に書いてある」

と、イエスは答えている。

悪魔は神殿の上にイエスを連れていき、

「神の子なら、飛び降りてみろ」

と言う。

「主なる汝の神を試むべからず、と書いてある」

と、イエスは答える

悪魔はイエスを高山に連れていき、世界の国々の栄華を見せて、

「ひれ伏して私を拝むなら、これらすべてをおまえに与えよう」

と言う。

「主なる汝の神を拝し、ただ之にのみ仕え奉るべし、と書いてある」

と、イエスは答えている。

「石をパンに変えてみろ」「飛び降りてみろ」と挑みかかる悪魔と、「栄華をおまえに与えよう」と誘惑する悪魔がいるのである。

釈迦が悟りを開いたときも、武器をもって襲いかかる魔羅の軍勢と、仏陀を誘惑しようとする魔羅の娘たちが登場する。

『天台小止観《てんだいしょうしかん》』に「覚知魔事」の章がある。煩悩魔、陰入界魔《おんにゅうかい》、死魔、鬼神の4つをあげ、鬼神に精魅《しょうみ》、堆惕鬼《たいてき》、魔羅の3種がいる、と述べてある。

精魅というのは、12の獣が姿を変えたものである。少年少女や老人の姿になったり、恐ろしい姿になったりするらしい。おもしろいのは、十二支（子・丑・寅・卯……）の時刻に合わせて、鼠・牛・虎・兎……というふうに現われることだ。

堆惕鬼というのは、虫のように人を刺したり、這ったり、抱きついたり、音声のうるさいものだそうである。

魔羅は、恐ろしい姿で人を怖がらせたり、可愛い姿で人に愛着の思いを起こさせたり、普通の姿で人の心を乱す。「目・耳・鼻・舌・身を通して射る殺者だ」と、説明してある。

密教の儀式は18の印《いん》と呪文を中心とするが、そのうち最初の5つが護身法、つづく2つが結界法、供養のまえの3つが結護法である。半分以上が魔物対策なのである。護身法のあとに行なう洒水も、浄霊の作用がある。

シュタイナーは、誘惑するタイプの悪魔をルシファー、攻撃する悪魔をアーリマンと呼んでいる。

ルシファーは天使の段階から逸脱した者、アーリマンは大天使の段階から逸脱した者だ、とシュタイナーは言っている。

ルシファーは耽美的である。ルシファーに対する防御策は、道徳的であることだ。アーリマンに対しては、どこまでも自分で思考するようにしていることが大事だ。わけが分からなくなって思考を放棄すると、アーリマンが近づいてくる。

自己陶酔的になっている人はルシファーの影響を受けている。「私は清い」と満悦して他人を見下している信仰者もルシファーの影響下にある。他人に打ち勝とう、他人を蹴落とそう、と闘志を燃やしている人はアーリマンの影響を受けている。

だれしも、ルシファー的になったり、アーリマン的になったりして生きている。どちらか一方の側に偏らないようにしているのが望ましい状態だ。

善と悪という両極があるのではない。ルシファー的な悪とアーリマン的な悪があり、その中間に善があるのだ。

また、ルシファーとアーリマンは悪いだけの存在とは言えない。

ルシファーは人間に、美に熱中する情熱を与えた。アーリマンは、冷徹に学問する能力を人間に与えた。

極端に行かずに、双方の要素を生かせる均衡感覚を会得したいものだ。

参考文献

シュタイナー『精神科学から見た死後の生』風濤社

シュタイナー『天使たち・妖精たち』風濤社
シュタイナー『芸術と美学』平河出版社
西川隆範『死後の宇宙生へ』廣済堂出版
西川隆範『見えないものを感じる力――天使・妖精・運命』河出書房新社

Eurythmical Life

第5章

魂の開発法

トレーニングの段階

禅宗に十牛図がある。
尋牛《じんぎゅう》、見跡《けんせき》、見牛《けんぎゅう》、得牛《とくぎゅう》、牧牛《ぼくぎゅう》、騎牛帰家《きぎゅうきか》、忘牛存人《ぼうぎゅうそんにん》、人牛倶忘《にんぎゅうぐぼう》、返本還源《へんぽんげんげん》、入鄽《にってん》垂手《すいしゅ》の10枚の絵である。

牛（真実の自己）を見失った少年が、その牛を探すところ（尋牛）から始まる。

やがて、牛は見つかる（見跡・見牛）。牛は捕まり、おとなしく少年に従うようになる（得牛・牧牛）。

牛に乗って家に帰った少年は、なんと、牛のことを忘れてしまう（騎牛帰家・忘牛存人）。そして、自分自身のことも忘れてしまう（人牛倶忘）。

十牛図が味わい深いのは、ここで終りにはならないことだ。

いったん無になったあと、ふたたび自然が現われる（返本還源）。

そして最後は、布袋さんが子どもたちと遊んでいる（入鄽垂手）。

無を通過したあと、自然を再発見し、屈託なく人と交わるのである。

＊

シュタイナーは「東洋の方法」として、つぎの八段階を取り上げている。

禁戒・勧戒・坐法・調息・制感・凝念・禅定・三昧。

禁戒・勧戒は戒律である。仏教なら、

「殺さない。盗まない。邪淫しない。嘘をつかない。酒を飲まない」（五戒）

が基本だ。

「殺さない。盗まない。邪淫しない。嘘をつかない。酒を飲まない。あやまったことを説かない。自慢せず、貶さない。惜しまない。怒らない。仏法僧を誹謗しない」（十重禁戒）

「殺さない。盗まない。邪淫しない。嘘をつかない。悪口を言わない。仲たがいさせる言葉を発しない。真実にそむく巧言をしない。貪らない。怒り憎まない。正しい見

解を持つ」（十善戒）

というのもある。

これらの規則を守ることで、魂が進歩できる環境を作れる。

ちなみにヤハウェ神がモーセに与えた十戒（「出エジプト記」20章ならびに「申命記」5章）では、はじめに「我のほか何ものをも神とすべからず。おのれのために何の偶像をも彫むべからず。なんじの神、ヤハウェの名をみだりに口にあぐべからず。安息日を憶えて、これを聖潔すべし」とヤハウェ神への忠義が説かれ、そのあと「父母を敬え。殺すなかれ。姦淫するなかれ。盗むなかれ。隣人に対して偽りの証しをたつるなかれ。隣人の家を貪るなかれ」となっている。

坐法は座る姿勢、調息は呼吸法である。膝が痛くなければ、日本人は正座すると頭も気分もしっかりする。座禅の座り方もよい（インド人と日本人は体つきに違いがあるので、日本人は座布団を二つ折りにして、その上に尻を乗せるといい）。

呼吸は「静かにゆっくりと」が基本だ。1から10まで「ひ、ふ、み、よ……」と数えながら呼吸する数息観という方法がよく知られている。

シュタイナーは、「吸う息の2倍の時間をかけて息を吐き、3倍もしくは4倍の時間、息を止める」という呼吸法を語っている。この呼吸法は4回または7回くりかえす。

制感というのは、目の前にあるものを、目や思いをそらさずに、じっと見ることだ。集中力の訓練である。

そうやって見つづけたあと、目を閉じて、その記憶像に集中するのが凝念である。

このあと、本来の瞑想の段階になる。

禅定は、この世には存在しないものをイメージして、そのイメージに精神集中することだ。そのようなイメージへの集中をとおして、私たちの魂は異次元に入っていく。

蓮華の上で光を放つ宝珠も、そのようなイメージだ。シュタイナーは、幾何学図形も瞑想の対象になる、と言っている。どこかで見た円ではなく、理想的な円をイメージするのである。

あるいは、私たちは「人間」を思い浮かべることができる。しかし、地上には個々の少年・少女、紳士・淑女、西洋人・東洋人など、個々人がいるのであって、「人間」というのは概念だ。その概念を、イデア的な実在としてイメージするのである。

三昧は、そのイメージを消し去って、無念無想になることだ。その状態で、悟りがやってくる。

西洋では、浄化・光明・合一の3段階が言われる。

浄化（katharsis）は心を清めることだが、禅定と同様、この世ならざるイメージに集中することによって、世俗の欲望から心を清めるのである。

光明（enlightenment, illumination）は、無念無想のときにやってくる霊光体験だ。この状態は、瞑想中だけでなく、日常の瞬間に体験する人も多い。

合一（unio mystica）は、自分が宇宙（神）と一体になる感覚だ。これも、経験者は少なくない。

瞑想は、その前提となる心の状態を作っておかないと、かえって心に変調をきたすことがある。瞑想に先立つ準備段階を述べておこう。

準備

――科学の時代に生きる現代人には、昔ふうの修練とは別のエクササイズが向いている。

と、シュタイナーは考えた。

まず必要とされるのは、学ぶ対象を敬う気持ちである。人間は、自分が敬う知識をよく吸収できるものだ。「自分には敬虔な思いで学べるものがある」というのはとても幸せなことではないだろうか。

批判的なのが頭がよいように思えるが、いつも酷評していると、不思議なことに認識力が鈍ってくる。人の短所を批判していると自分の認識力が弱まり、長所を評価すると認識力は高まる。

自分がなにかを軽蔑するときには、その自分の内に何があるのかに注目してみる。

そうすると、自分を知ることができる。

没批判的になったり、批判を封じたりするのはよくないことだが、人の長所を敬うことによって心は栄養を得る、ということを知っているのは有益だろう。見下したくなるもののなかにも美点を見出して、それを尊ぶとき、魂の能力は特に発展する。

＊

つぎに大事なのは、内面を静かにする時間を作ることだ。

内面を静かにして、自分の体験を他人事のように見なしてみる。人は他人のことなら客観的に観察して、適切な助言を与えることができる。他人になら、

「そんなに心配しなくてもいいよ。大したことじゃない。乗り越えられるよ」

と言えるのと同様の事態でも、自分のこととなると、

——ああ、困った。もう、だめだ。

と思ってしまうことがある。

自分の置かれた状況を冷静に見る練習が必要なのだ。その練習を繰り返していると、

不安になったり臆病になったりしなくなってくる。心が安らかに落ち着いてくる。

そして、自分の魂が天に根ざしているように感じられてくる。

自分の内部に不滅の自己がある、と直観できる。そうして、いまの自分の境遇や労苦を、永遠の自己の観点から見るようになる。そうすると、その境遇・労苦の意味が認識できる。無駄に苦闘しているのではない、と分かる。

＊

急いだり焦ったりすると、霊感は麻痺する。忍耐強くなると、落ち着き、決断力も増す。

怒りや不機嫌は、霊感の成長を妨げる。恐怖心・虚栄心・迷信・独断なども、そうだ。

語るときには、熟慮したことを口に出すようにする。相手にとってよい作用があるように考慮して話す。

そのようにしていると、おだやかな性格になっていく。温和であると、霊的器官の発育が促進される。

心に養分を得るためには、美しい自然のなかで過ごすのがいい。自然環境に恵まれていない人は、心うるおうような読書や美術・音楽に触れているのがいい。

＊

心身の健康に気を配ることも大切だ。健康を損なうような修行はしないことだ。

空想に耽ったり、激怒したり、神経質になったり、興奮したり、狂信的にならないよう、気をつける。誇張したり一面的になったりしないように気をつけ、幻想に陥らずに平静でいるようにする。

自分の思いが世界に対して、行為と同じ作用をするということを知る。だれかを憎むのと殴るのとは同じだ、ということを理解する。逆に言えば、よい思いはよい行為と同じ作用をする、ということだ。

外界の状況と自分の確信とのあいだで、中道を見出すように心がける。

そして、決意したことは実行する。

そうして、自分が遭遇することすべてに感謝する姿勢を育成する。どんなことも、不運なこと、理不尽なことも、自分を鍛え、高める機会のはずだ。その機会に巡り合ったことに感謝し、その機会を与えてくれた人に感謝するわけだ。

＊

シュタイナーが修養の基礎として繰り返し述べたのが、６つのエクササイズである。まず1ヵ月、身近なものを思考の対象に取り上げて、それがどんな材料からできているか、その材料がどういうふうに加工されたのか、できあがる過程を考える練習だ。考える時間は5分間だけでもいい。

思考を一つのものに集中し、順序正しく考える練習なのだが、おそらく別の問題が出てくると思う。つまり、ふだん使っている身近かなものが、どんな材料からどういうふうに作られているのか、僕たちはほとんど知らないということを思い知らされる。

人間は自分がよく知っているものを使って暮らしているときは、心が安定している。よく分からないもの、ほとんど分からないものを使うと、無意識に不安になるという。

機械に関して、

「自分で作れるものを使うのは無害。自分で作れないものを使うと有害」

と言われる。いまは多くの人が、自分では作れないもの、詳細には仕組みが分からないものを使って暮らしているのではないだろうか。だったら、機械を使わない生活にするという選択肢もあるけれど、それよりも前向きに、よく理解して使おうとすることができる（ただし、電磁波は有害である）。

この思考のレッスンをしていると、頭のあたりに力を感じるようになると思う。

2ヵ月目は、ものごとを自分で決めた時間割どおりに実行する。意志のトレーニングである。何時何分に植木に水をやるとか、決まった時刻にどこそこの掃除をするとかだ。

実行できるようになってくると、自信がついてくる。

3ヵ月目は、平静な感情の練習。どんなときにも、感情に溺れたり、我を失ったりせずに、冷静な自分を保つようにするのだ。

4ヵ月目には、どんなものにも、まず美点を見ようとする。醜いものに対しても、美しい部分を見落とさないようにする。

5ヵ月目は、先入観を捨てて、いつも新たな気持でものごとに接する練習だ。どんなことも、頭から否定しないで、検討してみるという態度だ。

こうしていると、心が元気になってくるのが実感できる。

この5つのうち、不得意なものを補習するのが6ヵ月目のエクササイズだ。

いうまでもないと思うが、6ヵ月間で終わりにするのではなく、この「半年1セット」のエクササイズを生涯つづけるのである。

＊

これがクリアできそうなら、つぎの練習も大事だ。

土曜——思考に注意を払い、意味のあることを考える。本質的なものと、そうでないものとを区分する。真実と意見を区別する。人の話を、賛同・批判なしに、静かに聞く。

日曜――どんなことも、熟考してから決める。思慮のない行為、無意味な行為をしない。共感・反感なしに判断する。

月曜――意味のあることを語る。根拠のない発言をしない。人の話を静かに傾聴する。

火曜――自分の行為が人の妨げにならないように注意する。行動するとき、全体にとって最も適した機会を熟慮する。自分の行為が及ぼす作用を、前もってよく考える。

水曜――自然に適った暮らしをする。不安や慌ただしさをもたらすものを避ける。軽率にならず、無精にもならない。

木曜――自分の力に余ることは行なわず、自分の力でできることはなおざりにしない。

金曜――人生から多くを学ぶようにする。参考となる体験を振り返って、決意・実行する。

毎日——自分の内面を冷静に見つめる。自己と語り合い、自分の人生の原則を確認する。

瞑想のしかた

シュタイナーは、いくつか瞑想の実例を挙げている。

たとえば、生長する植物、枯れゆく植物を観察し、そこから受ける印象に没頭する。そして内面を静かにして、その印象の余韻を響かせる。

あるいは、動物の声を聞いて、自分の感受ではなく、その動物の感情を感じとる。

鉱物と動物を比較するという方法もある。動物の行動は欲望・衝動に従っている。動物の姿は、その欲望に従って形作られている。鉱物の形は、そのような欲望に従ったものではない。そのように考えて、鉱物と動物を観察してみる。

もう一つは、種を観察するのである。その種から生じる植物の姿を思い浮かべてみる。種のなかには、肉眼には見えないかたちで、すでに植物全体が含まれているのだ。種のなかに含まれているこの不可視のものに、思いを集中する。

これらの瞑想をとおして、心魂世界が知覚されてくる。

大事なのは、そのような体験に向かうとき、自分が日常の感覚と理性を健全に保っているよう気をつけることだ。

*

物質界には存在しない象徴的なイメージを瞑想することもできる。

仏教（密教）には、月輪観《がちりんかん》という瞑想法がある。蓮華の上に満月が輝いているイメージだ。イマジネーションの訓練である。

シュタイナーは、無垢な植物と欲深い人間とを比較したのちに、欲望の根絶を表わす十字架と、清められた欲を表わす薔薇とを組み合わせたイメージを瞑想する方法を語っている。

*

日本では、イメージの瞑想以上に、言葉を用いた修行がおこなわれてきた。

その言葉が願いを述べるものなら「祈り」だし、その言葉が表わすものを思い浮かべることに集中するなら「瞑想」だ。

初めのうちは、弱い自分の救いを求めて祈ることが多々あると思う。やがて、自分を高めるために、自らの願望は捨てて、瞑想・修行しようという考えにいたる人もいるだろう。

シュタイナーは、

「アジアの人々は生まれながらに宗教的なので、ことさら宗教を必要としない」

と言っている。初詣や墓参りには行くが、自分は無宗教だと思っているのは、よい意味で日本的といえるかもしれない。

まっとうに生きていれば神に祈る必要はないし、願いのないのが望ましい境地だ、という見解には大いに理がある。

同時に、神に祈願することはないが、神を丁重に尊崇するという態度も立派だ。

また、自分個人のことは祈念しないが、人類や地球の安寧・息災を祈るという人々も多いと思う。

自分に縁のある宗教があれば、その形式で祈るのがよい。特にないなら、

「とおかみ、えみため」

あるいは、崇高さを感じる神に、

「かんながら、たまち、はえませ」

と、祈ればどうだろうか。

守護神と守護霊に日々感謝して暮らしているのもよい。

般若心経の場合は、認識が作用を引き起こす。

「観自在菩薩、行深般若波羅蜜多時《ぎょうじんはんにゃはらみたじ》、照見五蘊皆空《しょうけんごうんかいくう》、度一切苦厄《どいっさいくやく》」

五蘊（物質・感受・表象・意志・意識）は空である（不変の固定的実体がない）と見れば、一切の苦を脱するというのである。

実際、般若心経を唱えてみると、自分のこだわり・とらわれが消えると同時に、まわりの空気が澄むような感じがする。唱えおわったあとの明るく澄んだ無・空のなかに、しばらくとどまるとよいと思う。

注意しておきたいのは、心霊世界では、自分が発する思いが向こうから自分に向かってくるように見えるということである。自分が発している思いなのに、向こうからやってくるように見える。心の底に恨みや憎しみが残っていると、それが獣などの姿になって自分に襲いかかってくるように見えるのだ。

観音経（法華経普門品）は、いろいろな苦難に際して観音力を念じると災難を逃れられる、と説いている。人や魔物から発する邪念・怨念は存在すると思う。しかし、自分の思いを心底きれいにしておくことが第一である。「滅除煩悩焔《めつじょぼんのうえん》」が、多くを解決する。

密教には、いろんな真言陀羅尼がある。

たとえば、光明真言「おん、あぼきゃべいろしゃのう、まかぼだら、まに、はんどま、じんばら、はらばりたや、うん（原語で言うなら、オーン、アモーガ・ヴァイローチャナ、マハー・ムドラ、マニ、パドマ、ジュヴァラン、プラヴァルタヤ、フーン）」は霊魂の成仏のために唱えられることが多いが、ヴァイローチャナ（大日如来）

からマニ（宝珠）とパドマ（蓮華）とジュヴァラ（光明）が流れ出る様子を瞑想することができる。

彼岸へと向かわせるマントラとしては、般若心経の「ぎゃてい、ぎゃてい、はらぎゃてい、はらそうぎゃてい、ぼうじそわか（ガテー、ガテー、パーラガテー、パーラサンガテー、ボーディ、スヴァーハー）」がある。

日本語で、自分にも霊魂にも妖精にも有意義な認識に導くのは、

「色は匂へど散りぬるを、我が世、誰ぞ常ならむ。

有為の奥山、今日超えて、浅き夢見じ、酔ひもせず」

だと思う。

祈りや経典はたくさん唱えるのではなく、少数のものを丁寧に唱えることだ。

＊

瞑想に取り組もうとする者にシュタイナーが与えた規則は、「アルコールはどのような種類のものであれ厳密に禁じる。アルコールは脳とスピリチュアルな認識に導く

器官を害するからである。肉食は禁止しないが、肉食しないことによって低次の本性との戦いは容易になる」であった。

「純粋な光の輝きのなかに、宇宙の神性が輝く。

すべての存在への純粋な愛のなかに、私の魂の神性が輝く。

私は宇宙の神性のなかにやすらう。

私は宇宙の神性のなかに自分自身を見出す」

これは、シュタイナーが秘教スクールで教えた瞑想の言葉である。

「光のなかを、叡智が流れ、生きている」という言葉を瞑想してみるのもよい、とシュタイナーは言っている。

長年この言葉に取り組めば、叡智を神霊的な生命存在として体験するにいたるだろう。

「聖霊よ、我らを照らせ」

「神の霊よ、私に満ちよ」

という言葉・思いに深く入っていっても、大きな体験がやってくるはずだ。

第5章の参考文献

シュタイナー『いかにして高次世界の認識に到るか』筑摩書房、柏書房、イザラ書房、榛書房

シュタイナー『神秘学概論』イザラ書房、筑摩書房、人智学出版社、せらひうむ

シュタイナー『神智学の門前にて』イザラ書房

シュタイナー『瞑想と祈りの言葉』イザラ書房

あとがき

時代とともに人間は進歩し、ますます良い社会になっていくはずである。たしかに、快適に便利に過ごせるための機械は数多く開発された。しかし、みんなが豊かな心・のびのびした気持ちで暮らせているかというと、そうでもないと言わざるをえない。

世界にも日本にも悲惨な状況はあり、将来を悲観している人々もいる。

シュタイナーは、「20世紀の始まりとともに末法の世は終わった」と考えている。人々の魂は向上していき、やがて知性と精神性の融合した社会ができていく、と考えている。ただ、すぐに楽土が現われるのではなく、望ましい世の中は私たちが一歩一歩築いていくものだ。

私たちが地上に生まれたことには意味があるはずだ。個々人それぞれのテーマがあり、いまの人類一般にとっては心（思い）をきれいにして、天に通じる魂の力が発揮される状態にすることが目的だ。学ぶこと、働くこと、余暇を過ごすことが、この目的を達成する助けになっている。

21世紀前半に人類は難題に遭遇するという見解がある。それは、人間が大きく変化する時期を迎えているということだ。

僕はこの夏で、シュタイナーの勉強を始めて33年になった。去年、数えの56歳7ヵ月のときに『シュタイナー心経』、そして今年、満56歳7ヵ月でこの『優律思美《ユーリズミー》な暮らし――華徳福《ワルドルフ》ライフへの手引き』を皆さまにお届けできることになった。

皆さまの生活が希望に満ちた、生きがいのあるものになることを願っている。

良心的な出版をとおして文化に貢献すべく奮闘くださっている、風濤社の高橋栄社長に感謝申し上げる。

平成21年季夏

〈著者略歴〉

西川隆範（にしかわ・りゅうはん）
昭和28年、京都市に生まれる。奈良・西大寺で得度、高野山・宝寿院で伝法潅頂。ベルン・シュタイナー幼稚園教員養成所講師などを経て、多摩美術大学非常勤講師。著書・訳書に『シュタイナー用語辞典』『絵本・極楽』（風濤社）『シュタイナー自伝』『ゴルゴタの秘儀――シュタイナーのキリスト論』（アルテ）『生き方としての仏教入門』（河出書房新社）ほか。
http://idebut.org/school/?id=nishikawa@idebut.org

〈挿絵画家略歴〉

梅谷正恵
20歳の頃より公募展、グループ展、個展等で作品を発表、現在は画人として創作活動の傍ら、こども絵画造形教室アトリエ・プティにてこどもの芸術活動の指導をしている。
08年10月、京都・深草に企画工房「卍字楼」を立ち上げた。

春舟
多摩美術大学大学院美術研究科デザイン専攻修了。私立高校・小学校美術・図画工作科講師。

シュタイナー式・優律思美《ユーリズミー》な暮らし

——華徳福《ワルドルフ》ライフへの手引き

西川隆範著

2009年10月1日　第1刷　発行

装幀…………北村武士

発行…………風濤社

発行者………高橋栄

東京都文京区本郷 2-3-3　113-0033

TEL : 03(3813)3421

FAX : 03(3813)3422

HP http://futohsha.co.jp

印刷…………吉原印刷

製本…………積信堂

落丁・乱丁はお取り替え致します。